포루그 파로흐자드 Forough Farrokhzad

압바스 키아로스타미 감독의 영화 〈바람이 우리를 데려다 주리라〉로 우리에게 처음 소개된 포루그 파로흐자드는 20세기 이란의 가장 영향력 있는 여성 시인이자 단 한 편의 기념비적인 영화를 남기고 죽은 최초의 이란 여성 영화감독이다. 1935년 테헤란의 군인 가정에서 일곱 자녀의 셋째 딸로 태어난 그녀는 집안의 반대에도 불구하고 열여섯 살에 먼 친척과 결혼했다. 그러나 아들을 낳은 후 곧 이혼해야만 했다. 이때부터 시를 쓰기 시작해 1955년 첫 시집 《포로》를 발표했다. 한 이혼 여성이 시를 통해 강력한 페미니즘의 목소리를 내자 보수적인 이란 사회는 공개적인 반감과 부정적인 비난으로 들끓었다. 그러나 파로흐자드는 "만약 내가 시와 예술을 한다면, 그것은 취미나 흥미가 아니다. 나는 시와 예술을 나의 삶 자체로 여긴다."라고 단언했다. 시를 자기 삶의 일부로 생각했기 때문에 그녀의 시는 유년기부터 사춘기, 청년기에 이르기까지의 방황과 사랑, 인생관과 세계관, 정치관에 이르기까지 그녀의 모든 삶을 담은 자전적 표현이었다.

정신쇠약에 걸려 정신병원에 입원하기도 한 파로흐자드는 유럽으로 건너가 아홉 달을 보내며 운명적으로 영화감독 에브라힘 골레스턴을 만나게 된다. 골레스턴은 자기 자신을 표현하는 그녀의 독립적인 기질을 강화시켜 준 이다. 테헤란으로 돌아와 《벽》과 《저항》 두 권의 시집을 발표한 파로흐자드는 나병 환자들에 대한 영화를 만들기 위해 타브리즈 나병 환자 수용소를 방문한다. 1962년 발표된 다큐멘터리 영화 〈검은 집〉은 숱한 국제적인 상을 수상했으며, 이 영화 한 편으로 파로흐자드는 키아로스타미를 비롯 1980년대 이후 이란의 뉴 시네마를 이끈 영화감독들에게 가장 강력한 영향을 끼친 감독으로 평가받게 된다. 그녀의 시적 재능과 극적인 삶 역시 주목을 끌어 1963년 유네스코에서는 그녀의 삶을 다룬 30분짜리 다큐멘터리를 제작했다. 그해에 발표한 시집 《또 다른 탄생》은 과거 이란의 시적 전통에 깊은 변화를 가져왔으며, 시가 다루는 주제 역시 훨씬 깊어졌다.

1967년 2월 13일, 파로흐자드는 지프차를 타고 가던 중 맞은편에서 오는 스쿨버스를 피하다가 돌벽을 들이받았다. 병원으로 후송되었지만 병원에 도착하기 전 숨을 거두었다. 그렇게 32세의 짧지만 파란만장한 시인의 삶이 막을 내렸다. 일부에서는 그녀의 죽음이 사고를 가장한 암살이라는 의혹을 제기했다. 사후에 출간된 시집 《추운 계절의 시작을 믿어 보자》는 페르시아어로 쓰인 가장 뛰어난 현대시 중 하나로 평가받는다. 1999년, 키아로스타미 감독은 파로흐자드의 시집에 수록된 시 〈바람이 우리를 데려다 주리라〉를 영화로 만들어, 베니스 영화제 심사위원 대상 특별상을 수상했다.

나 저 깊은 밤의 끝에 대해 말하려 하네
나 저 깊은 어둠의 끝에 대해
사랑하는 이여, 내 집에 오려거든
부디 등불 하나 가져다주오
그리고 창문 하나를
행복 가득한 골목의 사람들을
내가 엿볼 수 있게
_테헤란 시내 작은 공동묘지에 있는 파로흐자드의 묘비에 적힌 시

تو لوی ابد

همراهی من آمده ای تاریکست
که ترا در سوز تنم درکشاند
به سحرگه شکفتن دوستی ترا بیدار خواهد کرد
من در این آیه ترا آه کشیدم ، آه.
من در این آیه ترا
به درخت و آب و آتش پیوندزدم

زندگی شاید
یک خیابان درازست که هر روز زنی با سبدی از آن میگذرد
زندگی شاید
ریسمانی ست که مردی با آن خود را از شاخه می آویزد
زندگی شاید طفلی ست که از مدرسه برمیگردد

زندگی یعنی یک ریسمان ...
که کلاغی از سر سرو بسدارد
دینگ بعلدو زنگ ، لغتی ست به معنی میگوید " صبح بخیر "

파로흐자드의 자필 원고

바람이 우리를 데려다 주리라

바람이 우리를 데려다 주리라

포루그 파로흐자드 _ 신양섭 옮김

문학의숲

차
___
례

바람이 우리를 데려다 주리라 _ 11

포로 _ 13

선물 _ 15

어둠 속에서 _ 16

슬픈 기도 _ 19

너를 위한 시 _ 21

훗날 _ 25

삶 _ 28

그날들 _ 31

지나간 것들 _ 38

태양은 떠오른다 _ 40

지구 위에서 _ 43

그녀를 용서하세요 _ 46

나는 당신 때문에 죽어 가고 있었다 _ 48

금요일_51

달의 고독_53

붉은 장미_55

새는 한낱 새일 뿐_57

사랑으로_59

국경의 장벽들_64

밤의 차가운 거리에서_69

영원의 황혼 속에서_72

늪_78

나는 태양에게 다시 인사하겠다_82

새는 죽게 마련이다_84

사랑한다는 것에 대해_85

만남_88

나는 작은 정원을 동정한다_91

도피_98

입맞춤_99

반지_100

애수_102

죄_104

목욕_106

벽_108

신의 배반_111

어둠 _ 114

귀환 _ 116

이별의 시 _ 120

가잘 _ 122

깨달음 _ 125

질문 _ 128

태엽 인형 _ 129

짝 _ 133

여름의 푸르른 물속에서 _ 134

나의 연인 _ 138

지상의 찬가 _ 142

초록빛 환상 _ 148

또 다른 탄생 _ 154

추운 계절의 시작을 믿어 보자 _ 159

네가 간 뒤 _ 176

창문 _ 181

잃어버린 것 _ 186

남는 것은 오직 소리뿐 _ 189

해설 그녀의 집은 어디인가 · 신양섭 _ 193

에세이 죽어가는 나뭇잎을 위한 시 · 진수미 _ 209

출전 _ 218

나는 심장의 불로 이 폐허를 밝히는 불꽃
그 불이 꺼지는 순간
나의 집은 무덤으로 변하겠지
한 마리 죽은 새의 무덤으로

바람이 우리를 데려다 주리라

나의 작은 밤 안에, 아
바람은 나뭇잎들과 밀회를 즐기네
나의 작은 밤 안에
적막한 두려움이 있어

들어 보라
어둠이 바람에 날리는 소리가 들리는가
나는 이방인처럼 이 행복을 바라보며
나 자신의 절망에 중독되어 간다

들어 보라
어둠이 바람에 날리는 소리가 들리는가
지금 이 순간, 이 밤 안에
무엇인가 지나간다
그것은 고요에 이르지 못하는 붉은 달
끊임없이 추락의 공포에 떨며 지붕에 걸쳐 있다
조문객 행렬처럼 몰려드는 구름은
폭우의 순간을 기다리고 있다

한순간
그 다음엔 무
밤은 창 너머에서 소멸하고
대지는 또다시 숨을 멈추었다
이 창 너머 낯선 누군가가
그대와 나를 향하고 있다

오, 머리부터 발끝까지 온통 푸르른 이여
불타는 기억처럼 그대의 손을
내 손에 얹어 달라
그대를 사랑하는 이 손에
생의 열기로 가득한 그대 입술을
사랑에 번민하는 내 입술의 애무에 맡겨 달라
바람이 우리를 데려다 주리라
바람이 우리를 데려다 주리라

포로

당신을 열망한다
하지만 나는 알고 있다
결코 당신 안에서 내 날개를 찾을 수 없다는 것을
당신의 하늘에는 수만 개의 태양이 빛나지만
나는 낡은 새장 속에 갇힌 한 마리 새이기에

춥고 어두운 철장 뒤에서
내 굶주린 시선이 어지러이 당신의 얼굴을 쫓는다
한 손을 내밀어 줄 거라는 생각에
날개를 펼쳐 당신에게 다가갈 수 있다는 생각에 잠겨

나는 생각에 잠긴다
감시가 소홀한 틈에
이 침묵의 감옥으로부터 날아올라
간수에게 비웃음을 날리고
당신 곁에서 새 삶을 시작하겠다고

하지만 나는 알고 있다
이것이 망상이라는 것을

결코 이 새장에서 나갈 힘이 없다는 것을
새장 문이 열린다 해도
내겐 더 이상 날아오를 숨결이 없다는 것을

어김없이 찾아오는 눈부신 아침
철장 뒤의 한 아기가 나를 보며 미소 짓는다
내가 환희의 노래를 흥얼거리면
아기는 입맞춤으로 내 온 존재를 껴안는다

신이여
어느 날 내가 이 침묵의 감옥에서 날아간다면
우는 아기에게 어떤 작별 인사를 할 수 있겠는가
나를 내버려 두오, 나는 포로가 된 한 마리 새일 뿐

심장의 불로 이 폐허를 밝히는
나는 촛불
그 불을 끄리라 마음 먹는 순간
이 둥지는 무덤으로 변하리라

선물

나 저 깊은 밤의 끝에 대해 말하려 하네
나 저 깊은 어둠의 끝에 대해
깊은 밤에 대해
말하려 하네

사랑하는 이여
내 집에 오려거든
부디 등불 하나 가져다주오
그리고 창문 하나를

행복 가득한 골목의 사람들을
내가 엿볼 수 있게

어둠 속에서

어둠 속에서
당신을 소리쳐 불렀네
정적만이 흐를 뿐
그리고 바람이
밤의 문을 여네
외로운 하늘에
별 하나가 불타고
별 하나가 스러지고
별 하나가 죽고

당신을 소리쳐 불렀네
당신을 소리쳐 불렀네
내 존재의 모든 것은
하나의 우유 잔처럼
내 손 안에 있었네
달의 푸른 시선만이
그 잔에 부딪힐 뿐

어떤 슬픈 노래가

연기처럼 피어오르고
굴레의 도시를 벗어나
연기처럼 스며들었네
창문 위로

밤새도록 그곳
내 가슴속에서
누군가 절망에 젖어
한숨을
한숨을 내쉬고
누군가 일어섰네
누군가는 당신을 원하고
싸늘한 두 손이
그녀를 또다시 밀쳐 냈네

밤새도록 그곳
검은 나뭇가지로부터
슬픔이 쏟아져 내리고
누군가 맥없이 무너졌네

누군가 당신을 불렀네
무거운 공기가 지붕처럼
그녀를 짓누르고

내 작은 나무는
바람을 사랑했네
정처 없는 바람을
바람의 집은 어디인가
바람의 집은

슬픈 기도

아, 내가 가을이라면
내가 가을이라면
아, 내가 우울한 침묵으로 물든 가을이라면
내 희망의 잎사귀들은 한 잎 한 잎 잿빛으로 시들어 가리라
내 눈 안의 태양도 차갑게 식어 가리라
내 가슴속 하늘도 고통으로 채워지리라
우울한 태풍이 불현듯 내 영혼의 깊은 연못을 파헤친다
눈물은 폭우가 되어
옷을 모두 적신다

아, 내가 가을이라면 얼마나 아름다울까
감정의 소용돌이 속에서 갈팡질팡하면서
내 눈 속에 시인이 있어 하늘의 시를 읊으리라
심장에서는 사랑의 불꽃이 타오르리라
그 불꽃 속에 고통을 숨기고
내 노래는
바람 소리처럼 산산이 부서져
지친 마음에 고통의 향기를 뿌리리라
내 얼굴 앞에는

고통스런 표정의 젊은 겨울이
머리 뒤에는
갑작스런 사랑의 혼란한 여름이
내 가슴은
근심과 고통과 의혹이 사는 곳
아, 내가 가을이라면
내가 가을이라면

너를 위한 시
―미래를 희망하며 내 아들 컴여르에게

너를 위해 이 시를 읊는다
어느 여름 목마른 석양에서
불길하게 시작된 이 길 한복판에서
그칠 줄 모르는 이 고통의 오랜 무덤 속에서

이것이 마지막 자장가다
네가 잠든 요람의 발치에서 부르는
이 거친 절망의 노래는 아마도
네 푸른 생의 하늘에서 메아리치리라

방황하는 내 그림자를
네 그림자로부터 멀어지도록 그냥 두어라
언젠가 우리가 다시 만날 때
우리 사이에 누가 있다면 그것은 오직 신일 뿐

나는 검은 문에
고통으로 얼룩진 이마를 부볐다
내 차갑고 가는 손가락으로 활짝 열린 문 위에
희망의 숨을 담아 무언가를 적어 본다

세상 사람들이 조롱하며 비웃는 그 부끄러운 낙인,
그것은 바로 나였다
내 존재의 목소리를 내겠다고 나는 말했었다
그러나 슬프게도 나는 '여자'였다

네 순박한 두 눈이
시작도 없는 이 불행한 책을 훑어 나갈 때
세월의 뿌리 깊은 반란이
모든 노래의 심장에서 피어나는 것을 너는 보게 되리라

여기서는 별들이 모두 숨을 죽이고 있다
여기서는 천사들이 모두 흐느끼고 있다
여기서는 월하향月下香 꽃봉오리들이
황야의 가시풀보다 더 천하게 여겨진다

여기서는 모든 길의 양 끝에
거짓을 말하고 부끄러움을 모르는 위선적인 악마들이 앉아 있다
암흑의 하늘에서 깨어나는 밝은 아침의 햇살을

나는 볼 수 없다

내 두 눈에서 이슬방울들이
또다시 넘쳐흐를 때까지 그대로 놔두어라
나는 내 존재의 껍질을 벗고 나왔다
성모 마리아의 순결한 얼굴을 가린 베일을 걷어 내기 위해

가슴에 폭풍의 별을 담고
명예의 언저리에서 떨어져 나왔다
내 분노의 불꽃이 날아오르는 곳
아, 아프게도 그곳은 캄캄한 감옥

나는 검은 문에
고통으로 얼룩진 이마를 부볐다
내 차갑고 가는 손가락으로 활짝 열린 문 위에
희망의 숨을 담아 무언가를 적어 본다

이 독실한 고행자들과 논쟁을 벌이기가 쉽지 않음을
나는 안다

내 사랑하는 아가야
나와 너의 도시는 이미 악마의 둥지가 된 지 오래

그런 날이 오리라, 네 눈이 후회를 머금고
이 슬픔에 젖은 노래를 읽을 날이
이 이야기 속에서 나를 찾고
"그녀는 내 어머니였어"라고 말할 날이

훗날

언젠가는 내게 죽음이 찾아오리라
햇빛 충만한 봄날에
온통 안개의 나라가 되는 겨울날에
혹은 열정과 절규가 사라진 가을날에

언젠가는 내게 죽음이 찾아오리라
이토록 아프고 행복한 날들 중 어느 날에
어제와 마찬가지로 허무한 날에
오늘의 그림자가 지난날의 그림자와 같은 어느 날에

어두침침한 복도 같은 내 두 눈
차가운 대리석 같은 내 두 뺨
갑자기 잠이 나를 데려가리라
내게 고통의 비명도 무의미해지리라

내 두 손은 시작詩作 노트를 천천히 어루만지지만
더 이상 시의 마법은 통하지 않으리라
나는 기억해 내리라
한때는 내 두 손에서 피에 물든 시가

뜨겁게 타오르던 것을

흙이 나를 부르는 그 순간
누군가가 나를 무덤에 묻으러 찾아오리라
아, 아마도 내 연인들이 한밤중에 찾아와
내 슬픈 무덤 위에 꽃을 놓으리라

내 세계의 캄캄한 벽들이
내가 떠난 뒤 갑자기 한쪽으로 무너지리라
알 수 없는 사람들의 눈길이
내 노트와 책장 위를 훑어 내려가리라

한 이방인이 내 기억을 갖고
내 작은 방에 발을 들여놓으리라
그 자리 거울 한가운데 남은 것은
한 줌의 머리카락과 손자국과 하나의 빗

나에게서 벗어나 진정 나 홀로 남게 되리라
그 자리에 남은 것은 모두 재가 되리라

내 영혼은 빈 배의 돛처럼
수평선 멀리 사라지리라

나날들이, 주일들이, 달들이
황급히 서로의 뒤를 쫓으리라
그대의 눈은 종일 문 밖을 바라보며
한 통의 편지를 기다리리라

하지만 이제 내 차가운 몸은
흙의 이불 위에 누우리라
더 이상 그대 심장 소리를 듣지 못하게 될 때
그대 없는 내 심장은 흙 밑에서 썩어 가리라

훗날 비바람이 내 묘비에서
내 이름을 부드럽게 씻어 내리라
내 자랑스러운 이야기도, 부끄러운 이야기도 잊은 채
내 무덤은 길가에 잊혀진 이름으로 남으리라

삶

아, 삶이여 나는 여전히
당신이 없어도 당신으로 넘쳐 납니다
그대의 손을 놓고 싶지 않습니다
그대로부터 도망치고 싶지 않습니다

흙으로 빚어진 내 몸의 모든 알갱이들까지
당신으로 인해 타오릅니다 오, 열정의 시여
그것들은 투명한 하늘과도 같아
햇빛으로 반짝이는 포도주로 넘쳐 납니다

수천 송이 꽃들을 피우며
들장미 숲이 당신을 노래합니다
정원에서 부는 바람 바람에게
당신의 안부를 실어 그녀에게 전합니다

나는 당신 속에서 당신을 찾았습니다
꿈같은 꿈속에서는 보이지 않았습니다
당신의 두 손 안에서 쉼없이 파헤쳤습니다
내 안은 온통 당신의 아름다움으로 충만합니다

나는 온통 검은 노래로 가득 찼습니다
나는 온통 하얀 노래로 가득 찼습니다
수천 개의 욕망의 불꽃으로
수천 개의 희망의 섬광으로

나는 분노를 품었던 그 나날들을 후회합니다
당신을 적으로 보았던 그 나날들을
당신을 유혹해도 소용없다고 생각했기에
당신에게서 멀어져 당신을 버렸습니다

당신이 거기 그대로 있는 것도 모르고
나는 물 흐르듯 그렇게 흘러갑니다
타락한 악마의 흙먼지 속에서 길을 잃고
죽음의 캄캄한 길을 걸어갑니다

아, 삶이여 나는 거울입니다
당신이 있어 내 눈은 환해집니다
하지만 죽음이 내 안을 들여다보면
내 거울 속 얼굴은 검게 변할 것입니다

나는 사랑합니다, 새벽의 별을
정처 없이 방황하는 구름을
비 내리는 날들을
당신의 이름이 어디에 있든 그것을 사랑합니다

나 스스로를 목말라 하면서도
나는 마십니다
당신의 순간순간 불타는 피를
그렇게 당신으로부터 희망을 받아 마십니다

그날들

그날들은 가 버렸다
그 좋은 날들
생명이 가득했던 날들
반짝이는 장식으로 가득했던 그 하늘들
체리 열매 작은 등불처럼 걸어 놓은 나뭇가지들
담쟁이 푸른 넝쿨 드리운 담에 서로를 기댄 그 집들
짓궂은 연들이 장난치던 그 지붕들
아카시아 향기 아찔한 그 골목길들
그날들이 가 버렸다
내 눈꺼풀 틈새에서 새어 나온 노래가
비눗방울처럼 허공으로 솟아오르던 그날들
내 눈이 어디로 끌려가든
갓 짜낸 우유 마시듯 스며들곤 했다
내 동공 속에
한 마리 불안하고 행복한 토끼가 있어
매일 새벽 늙은 태양과 함께
미지의 들판을 찾아 나서다
밤마다 어둠의 숲으로 숨어들곤 했다

그날들은 가 버렸다
소리 없이 눈 내리던 날들
따뜻한 방 창유리 너머
그곳을 오랫동안 바라보았다
내 깨끗한 눈은 부드러운 솜처럼
고요히 쌓여 갔다
낡은 나무 사다리 위에도
늘어진 빨랫줄 위에도
늙은 소나무의 풀어헤친 머리 위에도
그리고 나는 내일을 생각했다, 아
내일……
그것은 매끄럽고 하얀 덩어리
그것은 할머니가 쓴 차도르[1]의 바스락 소리로 시작되어
문틀에 희미한 제 그림자를 드리웠다
그러고는 갑자기 차가운 빛에 부서져 버렸다
그것은 색 바랜 유리창에 비치며
자유롭게 날아가는 비둘기의 몸짓으로 시작했다
내일……
그것은 잠의 가슴을 닮은 코르시[2]의 포근함이었다

나는 허둥대며 어머니의 눈을 피해 틀린 글자들을
내 낡은 노트에서 지워 나갔다
눈이 그칠 무렵이면
나는 쓸쓸히 정원을 거닐었다
말라 죽은 재스민 화단 아래
내 죽은 지빠귀를 묻었다

그날들은 가 버렸다
경이롭고 황홀했던 날들
반쯤 깨어 꿈을 꾸던 날들
그림자가 저마다 비밀을 간직하던 그날들
닫힌 상자는 저마다 보물을 간직했다
한낮의 고요 속에 헛간의 어느 모퉁이조차
또 다른 세계가 되었다
어둠을 두려워하지 않으면 누구든
내 눈에는 영웅이 되었다

그날들이 가 버렸다
노우 루즈[3]의 그날들

꽃을 기다리고 해를 기다리던
수줍은 향기 가득한 야생 수선화들은
겨울의 끝 어느 아침에
도시를 만나러 갔다
행상인들의 노랫소리는
그 긴 거리에서 점점이 푸른빛을 남기고
시장은 흩어지는 냄새들 속에서
커피 볶는 향과 생선 비린내 속에서 충만해져 갔다
시장은 내 발걸음 아래 넓어져 가고
길 위의 모든 순간들과 어우러져 뻗어 나가며
인형들의 눈 깊은 곳에서도 맴돌았다
시장은 여기저기서 흘러들어 온 한 무리 사람들을 향해
걸음을 재촉하는 어머니였다
그리고 선물 장바구니 가득 채우고
다시 되돌아왔다
시장은 충만한 곳이었다,
충만하고 또 충만한 곳

그날들은 가 버렸다

육체의 신비에 놀란 그날들
푸르른 핏줄의 아름다움을 조심스럽게 알아가던 그날들
한 송이 장미를 든 한 손이
또 다른 한 손을
담벼락 너머로 소리쳐 불렀다
그리고 그 손 위 작은 잉크 얼룩들은
초조함과 설렘, 두려움이었다
그리고 사랑이었다

수줍은 인사로 마음을 내보이며
한낮의 그 골목 자욱한 먼지 속에서
우리는 사랑을 노래했다
우리는 민들레 꽃씨[4]의 순수한 언어들을 알아 갔다
우리는 우리의 심장을 맑고 아름다운 정원으로 가져가
나무에게 빌려 주었다
그리고 그것은 입맞춤의 메시지를 담은 공이 되어
우리들의 손에서 손으로 전해졌다
그것은 사랑이었다
현관의 어둠 속에서 어떤 흐릿한 감동이

갑자기 우리를 에워싸고
은밀한 미소와 떨림과 숨결의 불타는 소용돌이 속으로
우리를 몰아넣었다

그날들은 가 버렸다
햇빛에 시든 초목 같던 날들도
타오르는 햇빛에 저물어 갔다
아카시아 향기 아찔했던 그 골목길들은
돌아오지 않는 거리의 떠들썩한 무리 속으로 사라졌다
그리고 자신의 뺨을
제라늄 꽃잎으로 물들였던 그 소녀는
아, 이제 고독한 여인이다
이제 고독한 여인이다

1_차도르(Chādor)는 이슬람 율법에 따라 여성들이 머리카락을 가리기 위해 머리에 쓰는 일종의 스카프이다.
2_코르시(Korsī)는 퀼트 천이나 담요를 두른 낮은 탁자 모양의 소파로서 불붙은 숯을 재로 덮고 화로에 담아 이 소파 밑에 두어 난방한다.

3 _ 노우 루즈(Nou Ruz)라고 불리는 이란의 설날은 춘분에 해당하는 3월 21일이다. 이것은 이슬람 이전 이란의 전통 종교였던 조로아스터교에서 유래한 것으로, 조로아스터교에서는 광명의 신 아후라마즈다와 암흑의 신 아흐리만이 서로 경쟁하면서 우주의 조화가 이루어진다고 믿었다. 따라서 두 신의 세력이 똑같아진, 다시 말해 밤과 낮의 길이가 같은 춘분은 중요한 의미를 갖는다.

4 _ 이란에서 민들레는 '메신저 꽃'이라고 불린다. 바람에 날려 둥둥 떠가는 꽃씨가 연인에게 사랑의 메시지를 전한다고 믿었기 때문이다.

지나간 것들

얼마나 더 가야 할까
이 땅에서 저 땅으로
나는 찾을 수 없어
찾을 수 없어
어떤 사랑 그리고 또 다른 연인
우리가 한 쌍의 제비였다면
한평생 날아다녔을 텐데
어느 봄날에 날갯짓을 시작해서 또 다른 봄날이 올 때까지
아, 이제 다 지나간 일
내 안에서 부서져 내린 것들은
먹구름처럼 까맣게 흩어지고
그대의 입맞춤을 기억할 때면
내 입술 위에서 세월의 파도가 몰아친다

나의 슬픈 사랑은
곧 스러져 갈 두려움에 젖어
목숨을 다해 전율한다
그대를 바라보면
마치 창을 통해

가을의 노란 열에 들뜬 잎 무성한 나의
고독한 나무를 보는 듯하다

폭포 안에서 내다보이는 번지는 풍경
밤과 낮
밤과 낮
밤과 낮

그냥
잊게 내버려 두라
그대는 무엇인가
한순간, 한순간을, 의식의 황무지에서
내 두 눈을 뜬 그 한순간을 제외하고
그냥
잊게 내버려 두라

태양은 떠오른다

보라, 내 눈 안의 슬픔이
어떻게 눈물의 강이 되어 흘러가는지
내 반항하는 시커먼 그림자가
어떻게 태양의 포로가 되어 가는지
보라
내 모든 존재가 폐허가 되어 가는 것을
하나의 불꽃이 나를 삼킨다
나를 높은 언덕으로 데려가
덫에 밀어 넣는다
보라
나의 하늘이 온통
별똥별로 가득 차는 것을

당신은 먼 곳에서 왔다
아주 먼 곳에서
빛과 향기 충만한 땅에서
그대는 지금 나를 조각배에 앉혔다
상아와 구름, 수정으로 만든 배
내 마음을 치유해 줄 희망을 나에게 보내 달라

시와 감동이 넘치는 도시로

그대는 별의 길로 나를 이끈다
별보다 높이 나를 앉힌다
보라
내가 별에 불타는 것을
입술 가득 별이 넘쳐나 나는 열에 들뜬다
순진한 금붕어들처럼
밤의 심연 속에서 나는 별을 줍는 사람이 되었다
그전에는 우리의 땅이 하늘의 이 푸른 누각에 도달하기까지
얼마나 많은 시간이 걸렸던가
이제 또다시 내 귀에 들려온다
그대의 소리가
천사들의 눈처럼 흰 날개의 소리
보라, 내가 어디까지 도달했는지
시간과 공간을 넘어 은하수까지
길의 끝으로 온 지금
물결치는 포도주로 내 몸을 씻어 달라
그대의 부드러운 입맞춤으로 나를 감싸 달라

짧지 않은 이 밤 다하도록 나를 갈망해 달라
다시는 나를 놓치지 말라
이 별들로부터 나를 갈라놓지 말라

보라, 우리 가는 길에 밤의 양초들이
어떻게 눈물의 강이 되어 흘러가는지
내 눈의 까만 호리병은
당신의 은밀한 자장가 소리에
잠의 포도주로 채워져 넘쳐흐른다
내 시의 요람 위에서
보라
당신은 숨을 쉬고 태양은 떠오른다

지구 위에서

나는 한 번도 원한 적이 없다
밤하늘 신기루 속에서 별이 되기를
아니면 성인들의 영혼처럼
천사들의 고요한 친구가 되기를
나는 한 번도 지구를 떠나 본 적이 없다
별과 친해져 본 적도 없다
지구 위에 서 있었다
내 몸은 식물의 줄기처럼
바람과 햇빛과 물을 먹었다
살기 위해
희망과 고통을 품고
그렇게 지구 위에 서 있었다
별들이 나를 반겨 줄 때까지
산속 깊은 바람이 나를 안아 줄 때까지

작은 창문 밖을 내다본다
나는 단지 노래의 메아리일 뿐
영원하지 않다

나는 노래의 메아리 말고는 찾지 않는다
환희의 외침 속에서
그것은 슬픔의 단순한 침묵보다 더 깨끗하다
나는 둥지를 찾지 않는다
이슬뿐인 몸 안에서
내 몸의 붓꽃 위에서
내 오두막의 벽 위에서
그것은 생명이다
길 가던 방랑자들이 사랑의 검은 글씨로
추억들을 새겨 놓았다
이 바람의 글자들 위에는
화살 맞은 심장
엎어진 촛대
창백한 침묵의 점들이

내 입술을 덮쳐 오는 어떤 입술도
또 하나의 별을 낳는 씨를 심는다
그가 앉아 있던 나의 그 밤에
추억의 강 위에서

나는 왜 별을 탐하는가

이것은 나의 노래이다
아름다운 선율로 마음을 기쁘게 하는
전에는 없었던
전에는

그녀를 용서하세요

그녀를 용서하세요
내 존재의 슬픈 기억들을
고여 있는 물과 텅 빈 바위들을
곧잘 잊어버리곤 하는 그녀를 용서하세요
그리고
살 권리가 있다고 바보같이 생각하는
그녀를 용서하세요

그녀를 용서하세요
한 장의 사진이 품고 있는
무기력한 분노를 용서하세요
도피에의 아득한 욕망은
사진 속 그녀의 두 눈에서 눈물이 되었기에

그녀를 용서하세요
자신의 관을 모두
붉은 달에 씻겨 보낸 그녀를
떨리는 밤의 내음이
천 년 동안 이어진 그녀의 잠을

깨우고

그녀를 용서하세요
심장부터 천천히 부서져 가는 그녀를
하지만 여전히 그녀의 눈동자는
조각난 꿈으로도 빛을 냅니다
그녀의 무의미한 머릿결은
사랑의 숨결에 절망하며 아직도 떨고 있습니다

오, 단순한 행복의 땅에 사는 사람들이여
오, 열린 창 너머 빗속에서 함께 숨을 쉬는 사람들이여
그녀를 용서하세요
그녀를 용서하세요
그녀는 마법에 홀렸기 때문
당신들이 열매를 맺는 그 존재의 뿌리는
그녀의 고독이 묻힌 흙 속에서 뻗어 나가기 때문
남의 말을 쉽게 믿는 그녀의 심장은
사람들의 사악한 욕망에 맞아
가슴 외진 곳에서 멍이 듭니다

나는 당신 때문에 죽어 가고 있었다

나는 당신 때문에 죽어 가고 있었다
하지만 그대는 나의 생명

당신은 나와 함께 가고 있었다
당신은 내 안에서 노래하고
내가 거리를
정처 없이 걸을 때
당신은 나와 함께 가고 있었다
당신은 내 안에서 노래하고
당신은 느릅나무 한가운데에서 사랑에 빠진 참새들을
창문의 아침으로 초대하곤 했다
밤이 반복되고 있을 때
한밤중이 되었을 때
당신은 느릅나무 한가운데에서 사랑에 빠진 참새들을
창문의 아침으로 초대하곤 했다

당신은 우리의 골목으로 등불들을 가지고 왔다
당신은 등불들을 가지고
아이들이 떠났을 때

아카시아 꽃들이 잠들 때
그리고 내가 거울 속에 홀로 남겨질 때
당신은 등불을 가지고 왔다

당신은 두 손을 선물했다
당신은 두 눈을 선물했다
당신은 친절을 선물했다
내가 굶주릴 때
당신은 생명을 선물했다
아낌없이 주는 빛처럼

당신은 튤립을 꺾어
내 머리에 꽂아 주었다
바람에 내 머리카락이 흩날려 불안해졌을 때
당신은 튤립을 꺾었다

당신은 자신의 뺨을 눌렀다
내 가슴의 불안 때문에
내가 또다시

아무것도 갖지 않았다고 말하면
내 가슴의 불안 때문에
당신은 두 뺨을 눌렀다
그리고 당신은 귀 기울였다
울면서 흐르고 있던 내 피에
울면서 죽어 가고 있던 내 사랑에

당신은 귀 기울였다
하지만 나를 보지 않았다

금요일

적막한 금요일
아득한 금요일

낡은 골목처럼 슬픔 간직한 금요일
게으르고 병든 생각 간직한 금요일
교활함이 하품하며 기지개를 켜는 금요일
기약이 없는 금요일
체념의 금요일

텅 빈 집
우울한 집
젊음의 물결에 맞서 문을 닫아 건 집
태양을 꿈꾸는 어두운 집
의혹과 불길함이 깃든 외로운 집
커튼집, 서점, 가구점, 사진관

아, 얼마나 평온하고 눈부시게 지나갔던가
낯선 개울 같았던 내 삶이
이 황량하고 고요한 금요일들의 한복판에서

이 우울하고 텅 빈 집들의 한복판에서
아, 얼마나 평온하고 눈부시게 지나갔던가

달의 고독

그 기나긴 어둠 속에서
매미들이 소리친다
"달아, 커다란 달아"

그 기나긴 어둠 속에서
나뭇가지들은 긴 손을 들어
욕망 가득한 한숨을
허공을 향해 내쉰다
알 수 없는 신비로운 신들의 명령에
바람은 복종하고
비밀스러운 땅의 삶 속에
수천의 숨결들이 숨어 있다
저 빛을 발하며 움직이는 둥근 별무리 속에서
밤의 광채가 나무들의 천장에 가 닿는다
라일라[1]는 날개 속에 숨는다
늪 속의 개구리들은
한목소리로 끊임없이 울어 댔다
동이 틀 때까지
"달아, 커다란 달아"

그 기나긴 어둠 속에서
달은 달빛에 불을 붙인다
그 달은
밤의 외로운 심장이 되어
자신의 금빛 영혼을 원망하며 부서지고 있다

1_ 서구 문학에 '로미오와 줄리엣'이 있다면 중동에는 '라일라와 마즈눈'이 있다. 라일라는 중동 문학에 자주 등장하는 비련의 여주인공을 말한다.

붉은 장미

붉은 장미
　　붉은 장미
　　　　붉은 장미

그가 나를 붉은 장미 정원으로 데려왔다
어둠 속에서 흩날리는 내 머릿결에
붉은 장미 한 송이를 꽂았다
그리고 마침내
붉은 장미 꽃잎 위에서
나와 잠이 들었다

아, 마비된 비둘기들이여
아, 열매 맺지 못하는 순결한 나무들이여
아, 눈 먼 창문들이여
이제 내 심장 아래
허리 깊은 곳에
붉은 장미 한 송이 자라고 있다
깃발처럼
최후의 날의

붉은 장미
붉은

아, 나는 아기를 가졌다
아기를
아기를

새는 한낱 새일 뿐

새가 말했다
"무슨 햇빛일까, 이 향기는 뭘까?
아, 봄이 왔구나
이제 내 사랑을 찾아 가야지"

새는 에이번[1] 가장자리에서 날아올라
누군가에게 편지를 전해 줄 전달자처럼
날아가 버렸다

작은 새
새는 생각하지 않는다
새는 신문을 읽지 않는다
새는 빚도 지지 않는다
새는 사람들을 알아보지 않는다

하늘을 나는 새
불안한 등불을 들어 올려라
어떠한 마음의 의문도 없이
바람들과 함께 여행하고

그 푸르른 순간들을
환희의 날개로 경험하지만
아, 새는 한낱 새일 뿐

1_ 에이번(Eivān)은 페르시아 전통 건축양식이다. 건물 입구와 현관을 별도
 의 공간으로 높이 짓고 화려하게 장식하는 것을 말한다.

사랑으로[1]

아, 당신의 꿈으로 밤은 화려해지고
당신의 향기로 내 가슴은 무거워졌네
아, 내 눈 위로 그대를 펼쳐 놓으니
그대는 과거의 고통보다 더 많은 행복을 나에게 안겨 주네
흙 묻은 몸을 씻겨 주는 비처럼
그대는 더러워진 내 존재를 순결하게 해 주었네

오, 내 불타는 몸은 전율하고
그대는 내 눈썹 그림자 속의 불이 되었네
오, 곡식 일렁이는 들판보다 더 풍요롭고
오, 황금빛 가지보다 더 열매가 많고
오, 태양 위에 활짝 열린 문이여
의혹의 검은 파도가 덮쳐 올 때
당신과 함께라면 어떤 고통도 두렵지 않네
있다면 오직 행복의 고통밖에 없네

오, 이것이 빛을 짊어진 내 답답한 마음인가
내 무덤 깊은 곳에서 일고 있는 삶의 소동인가

오, 그대의 두 눈은 내 초원
그대의 불타는 눈빛이 내 눈에 불꽃을 일으키네
지난날 내 안에 지니고 있던 것이 당신이었다면
나 당신 말고는 누구도 그리워하지 않았으리

욕망의 고통은 암흑의 고통
헛되이 마음의 계단을 오르락내리락
상처받은 가슴 위에 머리를 올려놓았다
추악한 원한으로 몸서리치고
애무 속 뱀의 이빨을 보기도 하고
연인의 미소 속 독을 보기도 하고
사기꾼의 손바닥에 금을 주기도 하고
넓은 시장 바닥에서 길을 잃기도 하네

오, 내 영혼에 스며든 자여
오, 내 무덤에서 나를 끌어올린 자여
그대는 금빛 날개를 단 별처럼
저 하늘 아득한 곳에서 다가와
내 고독에서 침묵을 걷어 냈네

나는 그대 포옹의 냄새를 기억하네
내 가슴의 메마른 강은 그대의 물로 넘쳐 나고
그대의 홍수로 내 핏줄의 강둑이 범람했네
이토록 시리고 캄캄한 세상에서
그대의 발걸음이 내 발걸음과 함께했네

오, 그대는 내 살갗 밑에 숨어
내 피처럼 끓어오르고 있네
애무로 내 머릿결을 태우고
욕망의 불꽃으로 내 두 뺨은 타올랐네
아, 내 옷이 낯선 그대여
내 몸의 푸른 초원은 잘 알고 있는 그대여
아, 지지 않는 태양의 떠오르는 빛이여
그대는 남쪽 땅에서 온 햇빛
새벽보다 더 생기 있는 영혼
봄날보다 더 싱그럽고 눈부신 영혼
다른 사랑은 없네
이것은 놀라움
암흑과 침묵 속의 샹들리에

내 가슴속에서 사랑이 깨어났을 때
나는 머리부터 발끝까지 욕망을 버렸네
이제 이것은 내가 아니다
나와 함께 살아온 가엾은 인생
오, 내 입술은 당신의 입맞춤을 위해 마련된 장소
내 눈은 당신의 입맞춤이 다가오기를 애타게 기다리네
오, 내 몸은 쾌락으로 떨고
나는 당신의 몸에 맞는 옷
나는 당신과 함께 부서지고 싶네
내 행복에 한순간이라도 고통이 묻어나도록
아, 나는 자리에서 일어나네
구름처럼 비를 뿌리며 울고 싶기에

내 답답한 마음과 백단향 연기?
어느 여인의 방에서 들리는 피리와 하프 소리?
이 텅 빈 공간과 소리의 비행?
이 침묵의 밤과 이 소리들?

아, 당신의 시선은 마법 같은 자장가 소리 되어

잠 못 들어 칭얼대는 아기들의 요람을 맴도네
아, 당신의 숨결은 반쯤 잠든 바람이 되어
내 떨리는 불안을 씻겨 주고
내 미래의 미소 속에서 잠들며
내 세상의 심연 속으로 가라앉네
오, 그대는 나를 시상에 젖게 하고
내 시에 이 모든 불을 쏟아붓네
그대가 이처럼 내 사랑의 열기에 불을 붙이면
내 시는 틀림없이 그 불에 타 버릴 것이네

1_ 이 시는 페르시아 고전 문학의 전통 장르 중 하나인 마스나비(masnavi) 형식으로 지어졌다. 마스나비란 두 행씩 각운을 맞추는 정형시를 말한다. 시 전체에 동일한 각운을 적용하는 가시데(qaside)나 가잘(ghazal)보다 각운을 맞추기가 쉬워 고전 문학에서는 주로 서사시에 많이 사용되던 시형이다. 파로흐자드는 이와 관련해 다음과 같이 말한 바 있다. "나는 마스나비 시형을 좋아한다. 그것은 그 나름대로의 자연스럽고 순수한 흐름이 있다. 그러나 그것이 나의 길은 될 수 없다."

국경의 장벽들

이제 또다시 침묵의 밤이
풀과 나무처럼 기지개를 켄다
금지된 국경의 장벽들이
내 사랑의 영역에서 보초가 되기 위해

이제 또다시 도시의 불결한 소음들은
어지러이 춤추는 물고기 떼처럼
내 캄캄한 해변에서 꿈틀대기 시작한다

이제 또다시 창문들이
흐트러진 향기의 촉감을 느끼며 몸을 연다
나무들은 잠의 정원에서 차례대로 껍질을 벗고
흙은 수천 개의 숨구멍으로
반짝이는 달의 조각들을 먹는다

이제 더 가까이 다가와
귀 기울여라
사랑이 흐르는 맥박 소리에 섞여
퍼져 나가는 소리들

흑인들의 북소리처럼
내 부족들의 함성을 통해

나는 느낀다
나는 알고 있다
기도할 순간이 언제인지
이제 모든 별들은 나의 동침자
나는
밤의 피신처에서
어느 바람이 되었던 그 마지막 바람에 휘날린다
나는
밤의 피신처에서
미친 듯 쏟아져 내린다
내 무성한 머리카락들을 그대 두 손에 맡긴 채
젊고 푸르고 따뜻한
적도 지방의 꽃들을 당신에게 선물한다

나와 함께 가자
나와 함께 저 별에 가자

얼어붙은 땅에서, 그 땅의 무모한 기준으로부터 멀리 떨어져 존재하며
어느 누구도 그곳에서는 빛을
두려워하지 않으리라

나는 물 위에 떠 다니는 섬에서 홀로 숨을 쉰다
나는
광활한 창공에서 어떤 파편을 찾는다
비천한 생각 덩어리에서 떨어져 나온 파편을

나와 함께 돌아가자
나와 함께 돌아가자
육신의 창조가 시작된 곳으로
한 방울 정액의 향기로운 중심으로
내가 당신으로부터 창조된 바로 그 순간으로
나와 함께 돌아가자
당신이 나를 미완성으로 남겨 놓았기에

이제 비둘기들이

내 젖꼭지 끝에서
날개를 친다
내 입술 사이에서
탈출을 꿈꾸는 나비들이 입맞춤하며 날아간다

이제
내 몸의 제단은
사랑을 숭배할 준비를 마쳤다

나와 함께 돌아가자
나는 말할 기운조차 없다
당신을
사랑하고 있기 때문에
"당신을 사랑한다"라는 말은
허무의 세계로부터 온
낡고 오래된 언어
나와 함께 돌아가자
나는 말할 기운조차 없다

밤의 피신처에서 달의 짐을 지도록 나를 내버려 두라
가득 차도록 내버려 두라
작은 빗방울들로
성숙하지 않은 심장들로
태어나지 않은 아기들의 몸으로
가득 차도록 내버려 두라
아마도 나의 사랑은
또 다른 예수 탄생의 요람이 되리라

밤의 차가운 거리에서

나는 후회하지 않는다
나는 복종을 생각한다
이 고통으로 얼룩진 복종을
나는 내 안의 처형장 언덕 꼭대기에서
운명의 십자가에 입을 맞춘다

밤의 차가운 거리에서
연인들은 항상 망설이며
서로에게 이별을 이야기한다
밤의 차가운 거리에서
안녕, 안녕
다른 말은 없다

나는 후회하지 않는다
내 심장이 시간 저편으로 흐르는 것 같다고
삶은 내 심장에게 반복해서 말할 것이다
바람의 호수를 노 저어 가는 민들레 꽃
그 꽃도 나에게 반복해서 말할 것이다

아, 그대는 보고 있는가
어떻게 내 살갗이 찢어지는지
내 차가운 가슴의 푸른 핏줄에서 젖이 어떻게
흐르는지
어떻게 피가
내 인내의 허리에서 골수의 성장을 시작하는지

나는 그대다, 그대
나는 사랑하는 사람이며
내 안에서
수천 개의 멀리 떨어진 알 수 없는 것들과
소리 없는 연결을 문득 발견한 사람이며
대지의 강한 욕망이며
이 모두가 나다
모든 사막을 풍요롭게 만들기 위해
온갖 물을 자신에게 끌어들이는 사람이
나다

귀를 기울여 보라

아득히 들리는 내 안의 소리에
새벽이 주문을 읊는 자욱한 안개 속에서
침묵하는 거울 속에서
나를 보라
또다시 내 두 손 깊은 곳에 남겨진 것으로
모든 꿈들의 어둡고 깊은 곳을
어떻게 더듬고 있는지를
그리고 내 존재의 순결한 행운을 위해
핏자국처럼
심장에 문신을 새기는 것을 보라

나는 후회하지 않는다
또 다른 나를 수줍어하는 나에 대해
그대가 밤의 차가운 거리에서
과거와 같은 사랑의 눈으로 그녀를 찾아낼 것이라고
이야기해 주라
그대 두 눈 밑 다정한 주름 위에
슬픈 입맞춤을 나누는 나를 기억해 달라

영원의 황혼 속에서

낮인가 밤인가
아니다, 친구여
이것은 영원한 황혼
두 개의 하얀 관 같은
두 마리 비둘기가 바람을 가로지르고
아득한 곳 그 낯선 들판으로부터
들려오는 소리가 있다
바람의 움직임처럼 머물 곳 없이 떠도는 소리

무슨 말이든 해야겠다
무슨 말이든
내 마음은 어둠과 한몸이 되고 싶어 한다
무슨 말이든 해야겠다

얼마나 짐스러운 망각인가
사과 하나 가지에서 떨어지고
목화 씨 노란 알갱이들이
내 사랑 카나리아의 부리에 쪼개진다
누에콩 꽃은 바람에 취해

자신의 암청색 힘줄을 내보이며
말 없는 불안을 내려놓는다
그리고 여기 내 안에, 내 머리 안에

아, 머릿속에는 아무것도 없다
붉고 자욱한 먼지들만 맴돌 뿐
내 시선은 거짓말을 부끄러워하며
아래로 향했다

나는 달에 대해 생각한다
시 속의 언어에 대해
어떤 샘에 대해 생각한다
흙 속의 환영에 대해
밀밭의 풍요로운 냄새에 대해
빵에 관한 동화에 대해
순진한 놀이에 대해
아카시아 향기 가득했던
좁고 긴 골목에 대해
놀고 난 뒤의 힘든 깨어남에 대해

골목 끝에 다다른 뒤의 당황스러움에 대해
아카시아 향기 맡은 뒤의 쉽게 사라지지 않는 공허함에 대해

영웅들?
아, 말들은 늙었다
사랑?
그것은 고독한 것
그 사랑은 낮은 창을 통해
마즈눈¹ 없는 사막을 내다보는 것
팔찌를 차고 술을 나르는 늘씬한 자의 우아한 걸음걸이에 대한
희미한 기억을 안고
욕망?
수천 개 문들의 매정한 화음 속에서
스스로를 잃어버린다
닫혔다고?
그래, 계속해서 닫히고 닫혀 있다
싫증날 것이다

나는 어떤 집에 대해 생각한다

담쟁이넝쿨이 게으르게 숨 쉬는
눈동자 같은 밝은 등불들이 켜져 있는
아무런 걱정 없이 게으르게 생각에 잠겨 있는
그러한 밤이 있는
그리고 끊임없이 미소 짓는 갓난아기에 대해 생각한다
물 위에서 연이어 퍼져 가는 잔물결 같은
포도 알갱이처럼 피에 젖은 몸을 가진

나는 좌절에 대해 생각한다
검은 바람의 약탈에 대해
밤마다 창문에서 기웃거리는
의혹 가득한 빛에 대해
그리고 갓난아기처럼 작은 무덤에 대해

일…… 일?
그래, 하지만 그 안에는 큰 탁자가
당신을 천천히, 천천히 씹어 삼키는
숨겨진 적개심이 자리 잡고 있다
그리고 막대기와 공책을

그밖에 잡다한 수천 개의 것들도 씹어 삼키는
그리고 결국 당신은 하나의 찻잔에
소용돌이 속의 조각배처럼 가라앉을 것이다
수평선 저 깊은 곳에 짙은 담배 연기와
의미 없는 선들 말고는 아무것도 볼 수 없다

한 개의 별?
그래, 수백, 수백 개지. 하지만
모두가 벽으로 에워싸인 밤 저편에 있다
한 마리의 새?
그래, 수백, 수백 마리지. 하지만
날갯짓이 일으키는 하잘것없는 먼지들만 안고
모두가 머나먼 추억 속에 있다
나는 골목에서 들려오는 고함 소리에 대해 생각한다
그리고 아무 해를 끼치지 않는 한 마리 생쥐에 대해 생각한다
때때로 벽 속을 기어다니는

무슨 말이든 해야겠다
무슨 말이든

새벽마다 떨리는 순간에
사춘기의 감각 같은 공간이
갑자기 막연한 무언가와 섞이는 순간에
나는 원했다
어떤 반란에 굴복하기를
나는 원했다
그 큰 구름에서 흘러내리기를
나는 원했다
아니오, 아니오, 아니오, 라고 말하기를

이제 떠나자
무슨 말이든 해야겠다
잔과 침대, 아니면 고독, 그리고 잠
이제 떠나자

1_ 〈달의 고독〉 각주에서 언급했듯이 서구 문학에 '로미오와 줄리엣'이 있다면 중동에는 '라일라와 마즈눈'이 있다. 마즈눈은 중동 문학에서 비련의 남자 주인공을 말한다.

늪

밤이 검게 물든 채 앓고 있었다
불면의 반란이 눈을 점령했다
슬프게도, 눈은 보는 일을 그치지 않았다
슬프게도, 눈은 감을 줄 몰랐다
그가 와서 내 안에 있는
오래된 죽음의 광장을 차지했다
그리고 오랜 기다림 끝에 내 존재까지도
그는 황야를 보았으며 나의 고독을 보았다
내 종이 달과 태양도 보았다
그는 전쟁에 나가 자궁과 싸우는 늙은 태아처럼
손톱으로 자궁벽을 찢고 있었다
산다면 그녀 안에서 태어나기를 갈망하고
죽는다면 그녀 안에서 생명을 바치기를 바랐다
스스로를 거부하는 고통에 만족하며
일어서고픈 욕망을 접고 잠이 들었다

내 웃음은 공허한 슬픔
내 부끄러움은 허망한 순결 때문
사랑에 빠진 죄로 짙은 고독이 밀려오고

죽음의 강한 욕망이 나와 동침했다
두려움 때문에 한 번도 내려오지 않고
그 탑 위에서 나의 처형을 목격했다

흙 벌레와 그 흙, 하지만 퀴퀴한 냄새
맑은 하늘에는 그녀의 연들
그녀가 몰래 숨기고 있는, 반쯤 알 수 있는 그것은
인간의 얼굴에 대한 그녀의 부끄러움
제 사람의 향기에 취해
그를 찾아 미로 같은 골목을 달려간다
때로 그를 찾아내지만 정말 그인지 믿지 못한다
하지만 그의 여인은 그녀보다 훨씬 더
외로운 사람이다
서로를 두려워하고 험담을 퍼부으며
감사할 줄 모른다
그들의 사랑은 저주받은 욕망
그들의 만남은 의혹 가득한 꿈

아, 나의 바다로 갈 수 있는 길만 있다면

빠지는 것이 왜 두렵겠는가
강물이 흐름을 멈춘다면
물은 평온을 잃을 것이다
그 영혼은 부패의 천국이 되고
그 심연은 물고기들의 무덤이 되리라

사슴들이여,
초원의 사슴들이여
꽃이 만발한 산책로에 있었다면
너희들은 노래 부르는 개울을 보았으리라
바다의 관대한 품으로 흘러드는 그 개울을
자신의 출렁이는 마차 위에 잠든 채
넘실대는 비단을 타고 흐르는 그 개울을

그의 갈퀴 속에 바람의 머리카락이 있다
달의 붉은 영혼은 그녀의 흔적을 쫓는다
녹색 줄기의 허벅지에서
아무도 손대지 않은 숲의 향기를 훔친다
그 위로, 모든 비눗방울들의 시선 속에

슬픔 모르는 태양의 얼굴이 비친다
잠을 잊은 자의 잠을 기억하라
늪 속의 죽음을

나는 태양에게 다시 인사하겠다

나는 태양에게 다시 인사하겠다
내 안에서 흐르던 개울에게도
내 오랜 생각이었던 구름들에게도
나와 함께 가뭄의 계절을 견뎠던
정원 사시나무들의 고통스러운 성장에게도
밤이 스며든 밭의 향기를
나에게 선물로 가져왔던
한 떼의 까마귀들에게도
거울 속에 살고 있던
내 늙은 모습을 하고 있던 어머니에게도
내 반복되는 욕망 속에서 자신의 뜨거운 열기를
푸른 씨앗으로 채웠던 땅에게도
나는 또다시 이들 모두에게 인사할 것이다

나는 오고 있다
나는 오고 있다
나는 오고 있다
내 머릿결과 함께
땅 밑에서 물씬 풍기는 냄새

내 두 눈과 함께
어둠의 빽빽한 경험들
담장 너머 숲에서 꺾은 꽃다발 들고
나는 오고 있다
나는 오고 있다
나는 오고 있다
문지방은 사랑으로 넘친다
그 문지방에서 나는 사랑하는 사람들에게
그리고 아직 그곳,
사랑 넘치는 문지방에 서 있었던 그 소녀에게
또다시 인사할 것이다

새는 죽게 마련이다

마음이 우울하다
내 마음이 우울하다

나는 지붕 위로 올라가 손가락을 뻗어
밤의 오만한 얼굴을 만진다

관계된 등불들은 어둠이다
관계된 등불들은 어둠이다

어느 누구도 나를 태양에게
소개하지 않을 것이다
어느 누구도 나를 새들의 축제로 인도하지 않을 것이다
날갯짓을 간직하라
네 망각의 기억 속에
새는 죽게 마련이다

사랑한다는 것에 대해

오늘 밤 그대의 눈이 하늘에서
내 시에 별을 쏟아 낸다
종이의 흰 침묵 속에
불꽃을 심는 나의 다섯 손가락

열정에 들뜬 나의 미친 시는
욕망의 상처가 부끄러워
또다시 자신의 단어들을 불태운다
불꽃의 끝없는 갈증

그렇다, 사랑의 시작이다
비록 그 길의 끝이 보이지 않아도
다시는 그 끝을 생각하지 않으리
이렇게 사랑한다는 것만으로 충분히 아름답기에

왜 어둠을 두려워하는가
밤이 빛의 조각들로 가득한데
그 밤이 스쳐 지나가는 자리에
재스민 꽃 어지러운 향기 머물러 있는데

아, 그대로 두어라, 내가 영원히 그대 안에서 헤매도록
누구도 내 흔적을 다시는 찾지 못하도록
그대의 비 묻은 한숨과 타오르는 영혼이
내 노래의 온몸으로 퍼져 나가도록

아, 그대로 두어라, 이 열린 창을 통해
꿈의 포근한 날개 속에서 잠든 채
여러 날을 함께 여행하여
세상 끝으로 도망치도록

그대는 아는가, 내 삶에서 내가 무엇을 원하는지
나는 그대가 되리라, 그대가
영혼의 그림자까지 그대
삶이 수천 번 반복된다 해도 또다시 그대다, 또다시 그대

내 안에 숨어 있는 것, 그것은 바다
숨길 수 없는 비밀의 파도
그대에게 그 폭풍의 분노를
말할 수 있다면 얼마나 좋을까

이제 나를 당신으로 넘쳐 나게 하고 싶다
사막으로 걸어가고 싶다
산돌로 머리를 다듬고
파도에 몸을 문지르고 싶다

이제 나를 당신으로 넘쳐 나게 하고 싶다
그대가 신기루처럼 내 안에서 부서지기 전에
그대 환영의 무릎에 머리를 누이고
그대 그림자까지 붙잡고 싶다

그렇다, 사랑의 시작이다
비록 그 길의 끝이 보이지 않아도
다시는 그 끝을 생각하지 않으리
이렇게 사랑한다는 것만으로 충분히 아름답기에

만남

그 어두운 눈동자들
아, 내 단순한 고행의 은둔자들이
그의 두 눈이 부르는 음악에 취해
정신을 잃었다

그가 내 위에서 파도쳐 부서지는 것을 알았다
불의 붉은 피라미드처럼
물에 비치는 그림자처럼
몸을 떨며 비를 뿌리는 구름처럼
따뜻한 계절 숨을 몰아쉬는 하늘처럼
아득히 먼 곳을 향해
생명을 향해
그는 뻗어 나갔다

나는 보았다
그의 손길에 내 존재의 골수가
녹아내리는 것을
나는 보았다
방랑자들의 주술에 걸린 그의 심장이

온통 내 심장에서 메아리치는 것을

시간이 날아갔다
장막은 바람과 함께 사라졌다
나는 그를 짓눌렀다
불의 후광 속에서
나는 이야기하고 싶었다
그러나 이상하게도
그의 두 눈썹 아래 짙게 드리운 그림자가
비단 커튼의 수술들처럼
욕망의 오랜 흔적을 따라
어둠 깊은 곳에서 흘러나왔다
그리고 그 공포,
그 죽음으로 얼룩진 공포가
내 잃어버린 뿌리 끝까지 스며들었다

나는 보았다
내가 풀려나는 것을
나는 보았다

내가 바람의 감옥에서 풀려나는 것을
내 몸을 둘러싼 껍질들이
부풀어 오른 사랑으로 갈라지는 것을
나는 보았다
내 불에 탄 몸이
서서히 물이 되어 가는 것을
그러고는 쏟아지고 쏟아지고
쏟아져 내렸다
달 위로
구덩이에 가라앉은 달 위로
어렴풋이 뒤집어진 달 위로
우리는 서로 엉켜 흐느꼈다
믿을 수 없는 우리 만남이 이어지는 동안
서로 엉켜 미친 듯이 살았다

나는 작은 정원을 동정한다

아무도 꽃들에 대해 생각하지 않는다
아무도 물고기들에 대해 생각하지 않는다
작은 정원이 죽어 가고 있다고 믿는 걸
아무도 원치 않는다
정원의 심장이 태양 아래 부풀어 올랐다고 믿는 걸 원치 않는다
정원의 영혼이 서서히 서서히
초록의 기억에서 빠져나간다고 믿는 걸 원치 않는다
정원의 감정은 마치
고독 속에서 부패해 가고 있는 그런 추상적인 것인가 보다

우리 집 마당은 외롭다
우리 집 마당은
알 수 없는 구름으로부터 비를 기다리며
하품하고 있다
그리고 우리 집 연못은 비어 있다
경험 없는 작은 별들이
나무 높은 곳에서 땅으로 떨어지고 있다
물고기 집의 빛바랜 창문으로부터

밤마다 기침 소리가 들려온다
우리 집 마당은 외롭다

아버지가 말씀하신다
"내 시대는 지나갔다
내 시대는 지나갔다
나는 나의 짐을 지고 와
나의 일을 했다"
그리고 당신의 방에서 아침부터 저녁까지
'왕서'[1]와 '폐기된 역사들'[2]을 읽으신다
아버지가 어머니에게 말씀하신다
"빌어먹을 물고기들
빌어먹을 새들
내가 죽고 나면 무슨 소용이 있는가
정원이 있든
정원이 없든
나에게는 노후 연금이면 충분하다"

어머니는 일평생

펼쳐 놓은 예배용 깔개이다
어머니는 지옥의 무시무시한 입구에서
모든 것의 밑바닥에서
죄인의 발자국을 쫓고 계신다
한 식물의 불경스러움이 정원을
더럽혔다고 생각하신다
어머니는 하루 종일 기도하신다
어머니는 천부적 죄인이다
꽃들에게 숨을 내뿜으신다[3]
물고기들에게 숨을 내뿜으신다
자신에게도 숨을 내뿜으신다
어머니는 구원자의 출현을 기다리신다
내려질 은총도 기다리신다

오빠는 정원을 묘지라고 부른다
오빠는 무성한 잡초들을 비웃는다
그리고 물의 병든 피부 아래
썩은 미립자로 변해 가는
물고기들의 시체들을 세고 있다

오빠는 철학에 빠져 있다
오빠는 정원의 치료가
정원의 파괴 속에 있다고 알고 있다
그는 취해 있다
벽과 문을 주먹으로 내리친다
그는 매우 슬프고 지치고 절망적이라고
말하려 애를 쓴다
또한 자신의 절망을
신분증과 수첩, 손수건과 라이터와 볼펜처럼
골목으로, 시장으로, 가져간다
그의 절망은
너무도 작아 매일 밤
선술집 사람들 속에 묻힌다

내 여동생은 꽃들과 친구였다
어머니가 때릴 때면
마음속 단순한 말들을
조용하고 친절한 꽃들이 모여 있는 곳으로 가져간다
그리고 때때로 물고기 식구들을

태양과 사탕의 축제에 초대한다
그녀의 집은 도시 저편에 있다
자신의 꾸며진 집에서
자신의 꾸며진 붉은 물고기들과
자신의 꾸며진 남편과의 사랑의 피신처에서
꾸며진 사과의 나뭇가지 밑에서
꾸며진 노래들을 부른다
그리고 자연의 아기들을 만든다
그녀는
우리를 만나러 올 때는 언제나
그녀의 치맛자락 구석구석이 정원의 가난으로 더럽혀질 때는 언제나
오드콜로뉴 향수로 목욕한다
그녀는
우리를 만나러 올 때는 언제나
임신 중이다

우리 집 마당은 외롭다
우리 집 마당은 외롭다

하루 종일
문 뒤에서 깨지는 소리가 들려온다
그리고 터지는 소리
우리 이웃들은 그들의 정원 흙 속에 꽃 대신
포탄과 총을 심는다
우리 이웃들은 그들의 풀장 위를
가리개로 덮는다
풀장은 그들도 모르게
화약 숨긴 창고가 된다
거리의 아이들은 책가방을
작은 포탄들로 채웠다
우리 집 마당은 위험하다

나는
나의 심장을 잃어버린 그 시간이 두렵다
이 모든 손들의 어리석은 생각이 두렵다
이 모든 얼굴들이 낯설게 나타날까 두렵다
나는 기하 과목을
미친 듯이 좋아하는 여학생처럼 혼자이다

나는 그 정원을 병원으로 데려갈 수 있다고 생각한다
나는 생각한다
나는 생각한다
나는 생각한다
정원의 심장은 햇빛 아래 부풀었다
정원의 영혼은 천천히 천천히
푸른 기억들을 비워 가고 있다

1_ 왕서(Shāh-nāme)는 10세기 말 페르도우시(Ferdousī)가 쓴 이란 민족의 장편 서사시이다
2_ 《폐기된 역사들(Nāsekh al-tavārīkh)》은 19세기 가자르 왕조의 궁정 역사가였던 세페흐르(Lesān al-Molk Sepehr)가 저술한 장편 역사서이다.
3_ 이란 사람들은 기도를 마친 후 자신이 보호하기를 원하는 사람이나 대상에게 숨을 불어넣는 행동을 취한다.

도피

신이여, 내가 무엇을 원하는지 모르겠습니다
도대체 나는 밤낮으로 무엇을 뒤쫓고 있나요
나의 지친 눈은 무엇을 찾고 있나요
불타는 이 심장은 왜 이렇게 우울한가요

나를 아는 이들로부터 도망치고 싶습니다
세상의 틈새로 기어들어 가 숨고 싶습니다
내 시선은 암흑 속에서 허우적거립니다
내 마음의 병에 귀 기울이고 싶습니다

이 사람들로부터 도망치고 싶습니다
그들은 겉으로는 내 동료이고 뜻을 같이하지만
속으로는 경멸로 가득 차 있습니다
내 무릎 옷단에 이백 가지 장식을 달았습니다

나의 심장이여, 나의 미친 심장이여
이토록 외로움에 불타는 심장이여
낯선 이들 때문에 다시는 통곡하지 마라
신이여, 이런 미친 짓은 이제 그만

입맞춤

그녀의 두 눈에 죄악의 미소가 번진다
그녀의 뺨에 달빛의 미소가 번진다
침묵하는 입술이 지나가는 곳에
감출 수 없는 불꽃이 미소 짓는다

부끄러움과 애처로움에 말을 잃고
취기 어린 시선으로
그녀의 두 눈을 바라본다
그녀가 말한다
"사랑에는 결실이 있어야 하는 법"[1]

비밀을 키우는 밤의 은신처에서
한 그림자가 또 다른 그림자로 기운다
하나의 숨결이 하나의 볼에 스치니
두 입술에 입맞춤의 불꽃이 피어난다

1_ 결혼 생활과 남편에 실망을 느낀 파로흐자드는 또 다른 사랑을 갈구하며 '사랑에는 결실이 있어야 한다.'는 메시지를 보내고 있다.

반지

작은 소녀가 미소 지으며 말했다
"이 금반지의 비밀은 무엇인가요?
내 손가락을 이토록 강하게 조이는
이 반지의 비밀은,
얼굴을 드러내고 뻔뻔스럽게 빛을 내는
이 금반지의 비밀은?"
남자가 당황하며 말했다
"그것은 행운의 반지,
삶의 반지입니다"
모두가 말했다
"행운이 깃들기를"
작은 소녀가 말했다
"아, 슬퍼라, 내게는
아직도 그 의미에 의혹이 남아 있으니"

몇 년이 지났다
어느 날 밤
한 여인이 절망에 빠져 그 금반지를 바라본다
그 희미한 반짝임 속에 묻어 있는

이미 지나간 날들을
남자의 진정한 사랑을 기대하던 날들과
헛되이 부서져 흩어져 버린 시간들을
여인은 절망에 빠져 깊은 한숨을 쉰다
아, 반지여
얼굴을 드러내고 여전히 뻔뻔스럽게 빛을 내는
속박과 굴레의 반지여

애수

커룬 강[1]은 소녀의 흐트러진 머릿결처럼
대지의 메마른 어깨를 감싸고 흐른다
태양은 지고 밤의 뜨거운 숨결이
두근거리는 물의 심장 위로 퍼져 나간다

내 어둑한 시선 저 멀리 남쪽 강둑은
달빛의 품에 안겨 사랑에 취해 버렸다
밤은 피에 젖어 반짝이는 수천의 눈으로
순결한 연인들의 침대를 엿본다

갈대숲은 가만히 잠들고
이름 모를 새 한 마리
그 암흑 깊은 곳에서 슬피 운다
달빛이 안부를 물으러 달려간다
애처로운 새는 어둠 속에서 길을 잃어버린 것일까

깊은 밤 강물 위로 야자수 그림자가
바람의 변덕스런 손길에 놀라 몸서리친다
침묵은 개구리들의 노래가 되어

한밤 비밀 가득한 고요 속을 떠돈다

밤의 아름다움이 낳은 매혹 속에서
아득한 꿈처럼 다가오는 그대의 손길
그곳에 묻어 있는 그대의 입김
물 위로 그대의 눈이 반짝이다 이내 어두워진다

그토록 열망하고 애원했지만
내 마음의 원들은 환영처럼 부서져
그대 손에 사랑의 포로가 되었다
그대는 자신의 강으로 떠나갔다
이 땅을 버리고
아, 내 사랑의 돌풍에 부러진
마음의 가지여

1_ 커룬(Kārūn) 강은 이란 남서부의 이라크 접경지대를 지나 페르시아 만으로 흘러드는 강이다. 이 강은 파로흐자드가 신혼 생활을 시작한 도시 아흐버즈(Ahvāz)를 관통해 흐른다.

죄

나는 죄를 지었다
쾌락 가득한 죄
뜨겁게 타오르던 그의 품속에서
그의 팔에 안겨
나는 죄를 지었다
그 팔은 불꽃 같은 열정이요
복수요 단단한 무쇠였다

어둡고 조용한 그 밀회의 장소에서
나는 신비로 빛나는 그의 눈을 바라보았다
떨림이 묻어 있는 그의 눈을 애원하며
내 심장은 초조하게 떨고 있었다

어둡고 조용한 그 밀회의 장소에서
그의 곁에 무너지듯 주저앉았다
그의 입술은 내 입술 위에 격정을 쏟아부었다
미친 내 마음의 격정도 사라졌다

나는 그의 귀에 속삭였다

"나는 그대를 원해 오, 내 사랑이여
생명을 주는 그대 품속이여, 나는 그대를 원해
오, 나의 미친 연인이여, 그대를……"

그의 두 눈에서 불꽃이 타올랐다
붉은 포도주가 잔 속에서 파도를 일으켰다
내 몸은 부드러운 침대에 파묻혀
그의 가슴에 취해 떨고 있었다

나는 죄를 지었다
쾌락 가득한 죄
그 아름다운 몸 곁에서 황홀에 젖어 전율하며
신이여, 제가 무슨 짓을 했는지 어찌 알겠습니까
그토록 어둡고 조용한 밀회의 장소에서

목욕

그 싱그런 공기 속에서 나는 나체가 된다
샘물로 몸을 씻어 낸다
말 없는 밤이 내게 유혹의 말을 속삭인다
샘의 귀에 대고 마음의 고통을 고백하라고

물은 시리고 물결은 눈부시다
물은 열정에 들뜬 신음을 내뱉으며 내 곁을 감싼다
수정같이 맑고 부드러운 손으로
내 몸과 영혼을 자신에게 끌어당기려는 듯

멀리 한 줄기 바람 불어와
한 떨기 꽃을 내 머리에 쏟아붓는다
야생 박하의 파랗고 강렬한 내음
바람의 입김에 섞여 코끝을 간지럽힌다

나는 눈을 감는다
심장 소리에 귀 기울이며
부드럽고 푸른 잔디 위에 눕는다
연인의 품속에서 잠든 여인처럼

샘물 속에 내 온 존재를 맡긴다

떨리는 물의 입술이 내 종아리에
초조와 갈증과 열망에 들떠 입을 맞춘다
환희에 젖어 서로 뜨겁게 포옹한다
그렇게 내 몸과 샘의 영혼은 모두 죄인이 되어 간다

벽

그토록 추웠던 순간들 혼란스러웠던 나날들
그대의 거친 눈빛이 침묵 속에서
내 둘레에 벽을 쌓는다

나는 그대로부터 벗어나리라
숨은 길로
밤안개로 둘러싸인 들판을 보기 위해
달빛 흠뻑 젖어 있는 샘에서 몸을 씻기 위해
눈부신 여름날 아침 빛을 품은 안개 속에서
치마 가득 야생 백합 담기 위해
농부의 오두막 지붕 위에서 들려오는
수탉의 울음소리 듣기 위해
나는 그대로부터 벗어나리라
초원의 품에 안겨 그 푸름 위에서 마음껏 산책하기 위해
아니면 잔디의 차가운 이슬로 입술을 적시기 위해

나는 그대로부터 도망치리라
황량한 바닷가
어두운 구름 속 길 잃은 바위 위에 서서

파도의 거친 춤 보기 위해

멀리 노을 속 야생 비둘기처럼
품에 안으리라
초원과 산과 하늘을
마른 가시덤불 속에서
새들의 지저귀는 노래 들으리라

나는 그대로부터 도망치리라
멀리
내 희망의 도시로 가는 길을 찾으리라
그리고 그 도시 안에서
내 꿈 가득한 궁전 금빛 문을 열고 들어가리라

그러나 그대는 어두운 침묵으로 내 눈을 가리고
모든 길들은 하얗게 부서져 버리리
그 음침한 어둠 속에서
내 둘레에 벽을 쌓듯이

결국 언젠가는 도망치리라
의심 가득한 그대 눈의 마법으로부터
꿈속 꽃향기처럼 퍼져 나가리라
밤바람의 머릿결 파도를 타고 빠져나가리라
태양의 기슭까지

영원 속에 잠든 세계에서
나는 금빛 구름 침대 위에 눕는다
행복한 하늘 위로 빛줄기들이
경쾌한 멜로디를 쏟아 낸다

나는 그곳에서 근심 없이 자유롭게
그대 마법 가득한 두 눈이 내 눈을 가리며
모든 길을 뿌옇게 흐려 놓는 것을 바라보리라
그 세계를 바라보리라
그대 마법 가득한 두 눈이 어둠 속에서
내 둘레에 벽을 쌓는
그 세계를

신의 배반

내가 만일 신이었다면
어느 날 밤 천사들을 불러냈으리라
그들로 하여금 태양의 원반을
암흑의 용광로에 풀어 넣으라고
세상의 정원을 지키는 하인들에게
화난 얼굴로 말했으리라
밤의 가지에서 달의 노란 잎사귀를 떼어 내라고

한밤중 내 성스러운 궁의 장막 속에서
내 포효하는 분노의 손길로 이 세상을 뒤엎었으리라
수천 년의 침묵에 지친 내 두 손은
바다의 벌린 입에 산들을 쏟아부었으리라

열에 들뜬 수천 개 별들의 발에 묶인 족쇄를
풀어 놓았으리라
숲의 고요한 혈관 속에 불타는 피를
뿌려 놓았으리라
소리치는 바람의 목소리 들으며 연기의 장막을
갈기갈기 찢어 놓았으리라

불의 딸이 숲의 품에 안겨 춤을 추라고

밤바람 마술피리를 불어 댔으리라
목마른 뱀처럼 강바닥 침대에 강물이 넘실대라고
축축한 가슴 위로 스며드는 삶의 피로를
밤하늘 시커먼 늪 속에 쏟아부으라고

열기 품은 강 위로 바람을
조용히 불러냈으리라
돛단배가 장미의 붉은 향에 취해 떠내려가라고
무덤들을 파헤쳤으리라
방황하던 수천 개의 영혼들이
다시 한 번 육신의 울타리 속으로 숨어들라고

만일 내가 신이었다면
어느 날 밤 천사들을 불러냈으리라
천국의 샘물을 지옥의 항아리에 담아 끓여 내라고
타오르는 횃불을 손에 쥐고 순진한 양 떼들을
푸르른 천국의 목초지에서 밖으로 끌어냈으리라

신을 경배하다 지쳐 한밤중 악마의 침대로 찾아 들어가
죄악의 구렁텅이에서 새로운 피신처를 찾았으리라
성스런 금관을 팔아 죄악의 품에 안겨
어둠과 고통으로 얼룩진 쾌락을 택했으리라

어둠

당신은 왜 내게서 도망치는가
무엇이 당신을 서둘러 떠나게 하는가
무엇을 원하는가
이처럼 칠흑 같은 밤, 피신처를 찾는가

그 상아로 만든 탑의 대리석 계단은
슬프게도, 우리에게는 너무도 아득한 곳
이 순간들을 기억하라
내일의 눈은 장님이 될 것이기에

그 끝에는 등불 하나 없다
아득히 보이는 것은
밤의 들판에서 빛나는 늑대들의 눈동자뿐

잔에 포도주가 남아 있다
언제까지 사원의 바닥에서 머리를 조아릴 것인가
그는 이곳에 숨어 있는데
포도주 속에서 빛나고 있는데

우리 길 잃고 고독한 두 사람이 파도처럼
서로를 껴안으면
우리는 당신이 찾는 안식처에 도달할 것이다
그 마법의 순간이 절정에 이르며

귀환[1]

결국 기나긴 여정은 끝이 났다
나는 먼지를 뒤집어쓰고 길에서 돌아왔다
내 시선은 나보다 앞서 달려가고
입술 위로 따뜻한 인사가 날아 앉는다

도시는 한낮의 용광로 속에서 들끓고
골목은 태양의 열기에 타오른다
나는 침묵하는 돌들을 밟으며
흔들리듯 흔들리듯 걷는다

집들은 저마다의 색으로 단장했다
우울하고 어둡고 먼지 쌓인 모습으로
차도르 사이로 가만히 얼굴을 내민 모습들
발에 족쇄를 찬 영혼들 같다

장님의 눈처럼 바싹 마른 개울은
눈물 자국도 없이 자신의 흔적을 지우고
한 남자가 노래를 부르며 길을 지난다
귀를 가득 채우는 그의 노래

눈에 익숙한
오래된 모스크의 돔
깨진 그릇을 엎어 놓은 듯하다
그 첨탑 꼭대기에서 한 신자가
슬픈 곡조로 아잔[2]을 읊는다

아이들이 손에는 돌을 쥐고
맨발로 개를 쫓으며 달려간다
한 여인이 차도르로 얼굴을 가리며 웃자
갑자기 불어온 바람이 창문을 닫는다

현관의 어두컴컴한 입에서
무덤의 축축한 냄새가 풍겨 온다
눈먼 남자가 지팡이를 두드리며 길을 가고
멀리서 아는 얼굴 하나가 다가온다

그곳에 하나의 문이 고요히 열려 있고
몇몇 손짓들이 나를 부른다
구름 낀 두 눈에서 빗물이 흘러내리고

몇몇 손짓들이 나를 쫓아 낸다

담벼락 위 오래된 담쟁이넝쿨
또다시 우물의 잔물결처럼 파도친다
그 무성한 잎사귀들 위로
세월의 먼지와 빛바랜 청춘이 앉아 있다

내 눈이 두리번거리며 묻는다
"그녀의 흔적은 어디에 있는가?"
그러나 그만 내 작은 방을 보고 만다
그녀의 어린 시절 소리가 사라진 방

거울 속 차가운 흙 한가운데서
갑자기 그녀의 모습이 꽃피어 난다
그녀의 부드러운 눈이 물결친다
아, 그녀도 두려움에 떨며 나를 바라본다

벽의 가슴에 기대어 작게 속삭인다
"커미³야, 이 사람이 너니?"

하지만 나는 알았다,
그 고통스러운 과거로부터
하나의 이름 외에는 아무것도 남지 않았다는 것을

결국 기나긴 여정은 끝이 났다
나는 먼지를 뒤집어쓰고 길에서 돌아왔다
목이 마르지만 슬프게도 우물로 가는 길이 없다
내 도시는 내 꿈의 무덤이었다

1_ 아마도 유럽 여행으로 보이는 긴 여행을 마치고 자신의 친정집으로 돌아오면서 느낀 감정을 읊은 시인 듯하다.
2_ 이슬람에서는 하루 다섯 차례 예배 시간을 알리는 아잔을 읊는다. 오늘날에는 확성기를 통해 아잔을 알리지만, 확성기 시설이 충분치 않았던 당시에는 무앗진이라고 불리는 아잔 낭송자가 모스크 첨탑에 올라가 육성으로 아잔을 외쳤다.
3_ 커미(Kāmi)는 파로흐자드의 아들 컴여르(Kāmyār)의 애칭이다.

이별의 시

누군가 밤새도록 내 마음에 속삭였다
"그를 만나니 얼마나 행복했는가
새벽이 되어 쇠락한 별들과 함께
그는 떠나려 하네
떠나려 하네
그를 지켜라"

당신의 내음으로 나는 세상을 잃고
내일의 배반은 모른 채
나는 부드러운 애무에 빠졌다
금가루를 쏟아붓는 당신의 두 눈
당신의 손길에 타오르는 나의 몸
내 머릿결은 당신의 숨결에 굴복하고
나는 사랑으로 피어나 말을 건다
"자신의 연인에게 마음의 방을 내어 준 사람은
그에게 상처를 주고 싶은 마음이 없으니
그가 떠난다 해도 내 눈은 그의 뒤를 쫓고
그가 떠난다 해도 내 사랑이 그를 지키리라"

아, 이제 그대는 떠나고 석양이 지니
길 한가운데 땅거미 드리워지고
서서히 슬픔과 암흑의 신이
내가 지키는 신전에 발을 들여놓는다
그리고 사방의 벽에 글을 남긴다
까만
온통 까만 글들을

가잘[1]

> 오늘 밤 당신은 내 이야기에 귀를 기울입니다
> 내일 당신은 이야기처럼 나를 잊을 것입니다
> —서예Sāye의 시 중에서

당신은 돌처럼 내 이야기를 듣고 있네
돌은 아무 소리도 들을 수 없다는 것조차 잊은 듯

새봄이 쏟아져 내려 나른해진 창가를
유혹의 속삭임으로 휘저어 놓는 당신

당신은 푸른 잎사귀 같은 내 작은 손을 잡았지
마른 잎사귀들과 함께

당신은 포도주의 영혼보다도 더 타락한 눈을
불꽃 위에 올려놓아 잠들게 만들었지

오, 내 피의 늪에 사는 물고기여
취하도록 나를 마신 그대여, 행복하라

그대는 황혼의 붉은 골짜기로 낮을 유혹해
가슴에 사로잡고는 그만 잊은 듯하네

그 그림자 속에 당신의 찬란한 빛이 내려앉으니 색이 사라져 버렸네
얼마나 더, 그토록 까만 그림자 옷을 그녀에게 입히려 하는가

오, 내 피의 늪에 사는 물고기여
취하도록 나를 마신 그대여, 행복하라

그대는 황혼의 붉은 골짜기로 낮을 유혹해
사로잡고는 그만 잊은 듯하네

그 그림자 속에 당신의 찬란한 빛이 내려앉으니 색이 사라져 버렸네
얼마나 더, 그토록 까만 그림자 옷을 그녀에게 입히려 하는가

---

1 _ 가잘(Ghazal)은 페르시아 고전 시문학의 한 장르로 일정한 운율과 각운을 갖춘 서정적 정형시이다. 이 시는 기발한 착상으로 지어졌다. 파로흐자

드는 당대의 '서예(그림자)'라는 필명을 가진 시인의 가잘을 한 구절 인용한 후 그와 동일한 운율과 각운으로 본인의 시를 읊어 나갔다. 뿐만 아니라 마지막 구절에 시인의 필명을 넣은 고전 문학의 전통에 따라 파로흐자드 역시 마지막 구절에 필명인 '포루그(찬란한 빛)'를 '서예(그림자)'라는 필명과 함께 넣어 시를 지었다. "그림자(서예) 속에 당신의 찬란한 빛(포루그)이 내려앉으니" 혹은 "그토록 까만 그림자(서예) 옷을 그녀(포루그)에게 입히려 하는가"에는 이 같은 시인의 의도가 숨어 있다.

깨달음

작은 비눗방울 속에서
빛은 스스로 사라져 갔다
갑자기 창문이 밤으로 물든다
공허한 소리 가득한 밤
독을 품은 숨결로 오염된 밤
밤

나는 귀 기울였다
공포에 젖은 암흑의 거리에서
누군가 부패한 덩어리인 양
자신의 심장을 짓밟는 것을
공포에 젖은 암흑의 거리에서
귀 기울여 들었다
별 하나가 폭발하는 것을[1]

내 맥박은 피가 솟구칠 만큼 부풀어 오르고
그리고 내 몸은,
내 몸은 유혹에 빠져
산산히 분해되었다

지붕의 어지러운 선 위에서
나 자신의 눈을 보았다
거대한 독거미 같았다
거품 속에서, 노랗게, 질식해서, 말라 버린

아무리 몸부림쳐도
나는 가라앉았다
고인 물처럼 천천히
앙금처럼
내 웅덩이 속으로 가라앉았다

나는 귀 기울였다
평생 귀를 기울였다
구멍에 숨은 혐오스러운 쥐가
듣기 거북한 소란한 소리로
뻔뻔스럽게 노래한다
뜻 모르게, 끈질기게, 찍찍거린다
이리저리 맴돌며 죽을 순간을 잰다
망각의 수면 위로 흘러든다[2]

아, 나는 욕망으로 가득 찼다

죽음의 욕망

내 두 젖꼭지가 짜릿하고 아찔한 감각을 느낀다

아, 나는 기억을 떠올린다

내 성숙한 첫날의 기억을

온몸의 기관들이

순진한 당황 속에서 열린 날을

그 모호하고 흐릿하고

그 알 수 없는 것을 배우기 위해

작은 비눗방울 속에서

빛의 전율하는 선이

스스로 하품을 한다

1_ 파로흐자드의 시에서 별은 종종 왕정의 독재에 항거하다가 처형당한 민주 투사들을 의미한다. 이 구절에는 양심을 버린 독재자가 민주 투사를 처형했음을 암시하는 내용이 담겨 있다.
2_ 독재자에게 아첨하는 자들을 쥐로 묘사했다.

질문

안녕, 물고기들아 안녕
안녕, 붉은색들아 녹색들아 금색들아
나에게 말해 다오, 이 수정의 방에서
죽은 자의 눈동자처럼 차갑고
도시의 마지막 밤처럼 텅 빈 채 닫혀 있는 이 수정의 방에서
갈대 피리 소리를 듣지 않았는지 말해 다오
두렵고 고독한 요정들의 땅에서 나와
침실 벽돌담으로 들어오면서
태엽 시계 자장가 소리 들으며
유리구슬 빛을 안고 들어오면서

반짝이는 종이별들
하늘에서 땅으로 떨어지듯 들어오면서
그렇게 들어오면서
놀기 좋아하는 작은 심장들
울음을 터뜨리네

태엽 인형

이보다 더
오, 그래
이보다 더 오래 침묵을 지킬 수 있어

오랜 시간
죽은 자들의 시선처럼 얼어붙은 눈으로
담배 연기에 눈길을 고정할 수 있어
컵 모양에 두 눈을 고정할 수 있어
카펫 위 빛바랜 장미에도
벽 위의 의미 없는 낙서에도

메마른 손가락을 펼쳐
커튼을 젖히고 밖을 응시할 수 있어
골목 한가운데 세찬 비 내리고
현관 아치 아래 한 아이
색색의 연을 들고 서 있고
텅 빈 광장 덜거덕거리며 성급히 지나가는
낡은 마차 한 대를 볼 수 있어

제자리에 머물 수 있어
커튼 옆
눈 먼 채, 귀 먹은 채

소리를 지를 수 있어
어색하고 속임수 가득한 소리로
"나는 사랑합니다"
한 남자의 건장한 팔 안에서
아름답고 건강한 여인이 될 수 있어
가죽 식탁보 같은 몸으로
도톰한 젖꼭지를 한 채
술주정뱅이, 미친 사람, 떠돌이의 침대에서
사랑의 순결을 더럽힐 수 있어

영악하게 모독을 줄 수 있어
경이로운 수수께끼에게
혼자 문제를 풀기 위해 노력할 수 있어
의미 없는 답을 찾으며 기뻐할 수 있어
의미 없는 답, 그래, 대여섯 글자로 된 답

하나의 인생을 위해 무릎을 꿇을 수 있어
싸늘한 제단 발 아래 머리 조아리며
어느 이름 없는 자의 무덤에서 신을 볼 수 있어
몇 푼 안 되는 동전으로 믿음을 얻을 수 있어
모스크의 칸막이 방에서 썩어 갈 수 있어
순례의 기도를 읊는 늙은이처럼
빼기 더하기 곱하기의 숫자 영처럼
항상 똑같은 결과를 얻을 수 있어
당신의 눈을 분노의 보따리에 들어 있는
낡은 구두의 빛바랜 단추로 생각할 수 있어
자신의 웅덩이에 괸 물처럼 메말라 버릴 수 있어

한때의 아름다움을 수줍어하며
한 장의 까맣고 우스꽝스런 즉석 사진처럼
상자 깊숙이 감출 수 있어
하루라는 텅 빈 사진 액자 속에
죄를 선고 받은 자, 정복당한 자, 아니면 십자가에 못 박힌 자의 그림을 걸 수 있어
벽의 갈라진 틈 가면들로 덮을 수 있어

더 쓸모없는 그림들을 걸 수 있어

바로 그 태엽 인형이 될 수도 있어
유리로 된 두 눈으로 자신의 세상을 바라보는 인형
펠트 상자 속에서
밀짚을 채운 몸으로
겹겹이 반짝이는 장식과 레이스를 단 채
여러 해 동안 잠들 수 있어
아무리 강렬한 유혹의 손이 더듬는다 해도
아무 이유도 대지 않고 소리쳐 말할 수 있어
"아, 나는 너무나 행복합니다"

짝

밤이 오고 있다
밤을 이어 어둠이
어둠을 이어
눈들이
손들이
그리고 숨결, 숨결, 숨결들이
그리고 물소리가
수도꼭지로부터
방울, 방울, 방울 떨어지는

뒤이어 두 대의 담뱃불에서
두 개의 붉은 점이
째깍째깍 시계 소리
두 심장이
두 고독이

여름의 푸르른 물속에서

한 장 낙엽보다 더 외로운 나는
나의 버려진 행복을 싣고
여름의 푸르른 물속에서
고요히 노를 젓는다
죽음의 땅까지
가을의 슬픔이 밀려오는 해안까지

어느 그늘 아래 나 자신을 풀어 놓는다
사랑의 믿음이 없는
행복도 달아난 그늘에
영원의 기약도 없는 그늘에

산들바람 어지럽게 회오리치는 밤
숨 막히는 짧은 하늘에
붉은 안개가
푸른 핏줄 같은 골목골목으로 배어드는 밤
그 밤에 우리는 홀로된다
영혼만이 전율하며 홀로
맥박의 진동 속에서 타오른다

아픈 존재
그 존재의 감각이

"계곡의 기다림 속에 비밀이 있다"
산꼭대기 커다란 바위에 이 말이 새겨져 있다
어느 날 밤 그곳에서 추락한 사람들이
처절한 애원으로
산의 침묵을 새겨 놓았다

"가득 찬 손의 고뇌는
텅 빈 손의 평온함만 못하다.
아름다운 것은 폐허 속의 침묵이다"
한 여자가 물속에서 이 노래를 부른다
여름의 푸르른 물속에서
마치 폐허 속에서 살고 있는 듯한 여자가

우리는 우리의 호흡으로 서로를
더럽힌다
행복의 순결함을 더럽힌다

우리는 바람 소리를 두려워한다
의혹의 그림자가 드리워지면
우리는 입맞춤의 정원에서 창백해진다
우리는 빛의 궁전에서 축제를 벌이면서도
공포의 노래에 몸을 떤다

이제 당신은 이곳에 있다
아카시아 향기가
새벽의 골목골목으로 퍼져 나간다
내 가슴에 짙게
내 두 손에 뜨겁게
내 곱슬곱슬한 머릿결에 스스로를 불태우고
당신은 감각을 잃어 간다

넓고 어둡고 짙은 무엇인가가
아득히 들려오는 낮의 소음처럼 혼란스러운 무엇인가가
내 흐트러진 눈동자 위를 맴돌며 퍼져 나간다
아마도 나를 연못에서 낚아채려는 듯
아마도 나를 나뭇가지에서 떼내려는 듯

아마도 나를 문처럼 다가오는 순간들에 못질하려는 듯
아마도……
나는 더 이상 볼 수 없을 것이다

우리는 버려진 땅에서 뛰어올랐다
그리고 버려진 땅에 뛰어내렸다
우리는 길에서 아무것도 보지 못했다
그저 금빛 날개를 가진 말을 몰았다
궁전의 주인처럼

    아 우리는 행복하고 평온하다
    아 우리는 우울함에 침묵한다
    우리는 행복을 사랑하기 때문에
    우울함은 사랑의 저주이기에[1]

1_ 이 시의 마지막 네 줄은 본시와 관계가 없어 출판된 시집에서도 생략된 경우가 많다. 그것은 파로흐자드 본인의 다음과 같은 말에 잘 나타나 있다. "이 시에서 마지막 네 줄은 불필요하다. 그것은 너데르푸르(당대의 시인)가 써서 나를 화나게 한 '일종의 어떤 것'이다." 여기서 '일종의 어떤 것'이란 연역적 방식으로 교묘하게 꾸며진 훈계를 말하는 것으로 보인다.

나의 연인

나의 연인은
부끄러움을 모르는 벌거벗은 몸으로
튼튼한 다리로
죽은 듯이 서 있다

기울어져 불안한 선들이
그의 반항적인 팔다리를
뚜렷한 윤곽으로
뒤쫓고 있다

나의 연인은
잊혀진 세대에서 온 사람 같다

타타르 족[1] 하나가
그의 눈 깊은 곳에서
말 탄 사람 기다리며 숨어 있는 듯하다
베르베르 족[2] 하나가
그의 상아 같은 치아에서 빛을 내며
사냥감의 뜨거운 피에 매료된 듯하다

나의 연인은
자연 그대로
피할 수 없는 뚜렷한 의미를 갖는다
그는 나를 정복함으로써
힘의 진정한 법칙을
확인한다
그는 거칠고 자유롭다
건전한 재능을 타고난 듯
무인도 한복판에서
마즈눈의 천막에서 뜯어낸 천 조각으로
자신의 구두에 묻은 거리의 먼지를
깨끗이 닦아 낸다

나의 연인은
네팔 신전의 신처럼
존재의 시작부터
이방인이었던 듯하다
그는
아름다움의 숭고함을 떠오르게 하는

지나간 시대에서 온 사람

그는 자신의 공간에서
아기 냄새처럼
항상 순수한 기억들을
일깨우고 있다
그는 야성이 살아 있는
듣기 좋은 대중가요 같다
감싸고 있는 껍질들을 벗어버린

그는 정직하게 사랑한다
삶의 파편들과
흙의 먼지들을
인간의 슬픔들과
깨끗한 슬픔들을

그는 정직하게 사랑한다
시골 과수원 길과
한 그루 나무를

아이스크림 접시와

빨랫줄을

나의 연인은

단순한 사람이다

내가 그를

놀랍고 불길한 땅에서

기적적인 신앙의 마지막 상징처럼

내 두 가슴 사이에 감추어 왔던

단순한 사람이다

1_ 돌궐족의 일족으로 중앙아시아에 거주하는 유목 민족을 말하며 이 부족에 속한 티무르(Timerlane)가 14세기 정복 전쟁을 통해 중동을 피로 물들였기 때문에 타타르 족은 공포의 대상으로 간주된다.
2_ 지중해를 따라 북아프리카에 분포되어 있는 민족. 어원은 그리스어로 '야만인'이라는 의미의 바로바로스(Barobaros)이다. 7세기 이슬람의 아랍 민족 정복 이후 대부분이 아랍화되었지만 아직도 사하라 사막과 모로코의 아틀라스 산맥에는 자신들의 정체성을 유지하고 있는 베르베르 족이 상당수 있다.

지상의 찬가

그때
태양은 차가웠고
땅에서 풍요는 사라졌다

들판의 초목들은 바싹 마르고
바다의 물고기들도 앓다 죽어 갔다
흙은 죽은 자들을
더 이상 받아들이지 않았다

밤은 빛바랜 창문마다
희미한 환상처럼
밤새 쌓여 넘치고 있었다
길은 어둠 속에서
자신이 갈 길을 잃어버렸다

더 이상 아무도 사랑을 꿈꾸지 않는다
더 이상 아무도 승리를 생각하지 않는다
그리고 아무도
더 이상 아무것도 생각하지 않는다

고독의 동굴마다
허무가 태어났다
피는 대마초와 아편의 냄새를 풍겼다
임신부들은
머리 없는 갓난아기를 낳았다
그리고 요람들은 수치심에
무덤 속으로 숨었다
얼마나 어둡고 쓰디쓴 날들이었던가
예언의 놀라운 힘은 빵에 굴복했고
굶주리고 비참한 예언자들은
성스러운 약속의 땅에서 도망쳤다
예수의 길 잃은 양들은
더 이상 황야의 방황 속에서
목동의 외침 소리를 듣지 못했다

거울의 눈 속에서는
움직임도 색깔도 영상도
거꾸로 비쳤나 보다
비천한 광대의 머리 꼭대기와

매춘부의 두터운 얼굴에는
눈부시게 성스러운 후광이
불붙은 파라솔처럼 이글거리고 있었다

알코올의 늪은
악취 가득한 독가스를 내뿜으며
한 무리의 무기력한 지식인들을
자신의 심연 깊이 끌어당겼다
교활한 쥐들은
금박 입힌 책장들을
낡은 책장 속에서 갉아 댔다

태양은 죽어 있었다
태양은 죽어 있었다, 그리고 훗날
아이들의 머릿속에
왜곡되고 잊혀진 의미로 남았다
아이들은 그 이상한 옛 단어를
자신의 연습장에
검고 큼직한 얼룩으로

그렸다

사람들이
무너져 내린 한 무리들이
상처 입고 말문이 막힌 채
자기 주검의 저주받은 짐을 지고
이리저리 쫓기며 방황하고 있었다
고통스러운 죄악의 욕망만이
그들의 손에서 자라나고 있었다

간혹 한 줄기 빛이, 깜박이는 희미한 빛이
이 말 없고 넋 나간 사회를
그 안부터 한꺼번에 부수어 버리곤 했다
남자들은 서로를 공격하며
서로의 목을
칼로 베어 버리곤 했다
피로 얼룩진 침대 한가운데서
아직 성숙하지 않은 소녀들과
동침하곤 했다

그들은 자신의 야만성에 중독되었다
공포스러운 죄의 감각이
그들의 아둔하고 눈먼 영혼을
마비시켰다

처형 의식에서는 항상
교수형 밧줄이
선고받은 자의 경련하는 두 눈을
눈구멍에서 튀어나오게 하곤 했다
그들은 자신들 안으로 움츠러들었으며
늙고 지친 그들의 신경은
육욕의 환상으로 인해 전율하곤 했다

하지만 당신은 선 채로
항상 광장 주변에서 이 초라한 죄인들을 바라보곤 했다
분수대의 물이 끊임없이 흘러내리는 것을 응시하곤 했다

아마 아직도
파괴된 두 눈 뒤, 얼어붙은 깊은 곳에는

반쯤 숨이 붙어 있는 혼미한 그 무언가가
그대로 남아 있을 것이다
자신의 마지막 숨을 헐떡이며
물소리의 순수함을 믿고 싶어 하는
그 무엇인가가

이 얼마나 끝없는 공허함인가
태양은 죽어 있었다
그리고 아무도 모르고 있었다
그 슬픈 비둘기의 이름이
심장에서 흘러나온 그 이름이
'신앙'이라는 사실을

아, 죄수의 소리여
그대의 희망 잃은 이 신음은
이 지긋지긋한 밤의 벽을 허물고
빛을 향해 나아갈 수 없는가
아, 죄수의 소리여
아, 소리들 중의 마지막 소리여

초록빛 환상

하루 종일 거울 속에서 나는 울고 있었다
봄은 내 창문을
나무의 초록빛 환상에 맡겼다
내 몸은 내 고독의 누에고치에 맞지 않았다
내 종이 왕관의 냄새가
햇빛 없는 그 영토의 공기를
오염시켰다

나는 할 수 없었다
더 이상 할 수 없었다
골목과 새들의 소리
테니스 공이 멀어져 가는 소리
아이들이 달아나는 떠들썩한 소리
그리고 비눗방울처럼
줄 끝에 매달려 솟아오르던
풍선들의 춤
함께 잠자던 캄캄한 순간
가장 깊은 곳에서 숨 쉬는 바람은
내 믿음의 고요한 성벽을 짓누르고

그 낡은 틈새로
내 심장의 이름을 불러 대고 있었다

하루 종일 내 시선은
내 삶의 두 눈을 응시했다
두 눈을
겁에 질려 떨고 있던 그 두 눈을
내 강렬한 눈빛에서 도망쳐
거짓말쟁이처럼
눈꺼풀의 안전한 암자에 피신처를 구한 그 두 눈을

어디가 정상인가, 어디가 꼭대기인가
모든 이 구불구불한 길들이
그 빨아들이는 차가운 입속에서 만나
끝나지 않겠는가
당신들은 나를 위해 무엇을 해 주었는가
오, 순진한 자를 유혹하는 언어들이여
오, 금욕이여 고행이여
내 머릿결에 장미 한 송이를 붙였다면

이 속임수보다, 이 종이보다
내 머리 꼭대기에서 향기를 품고 있는
더 큰 속임수 아니겠는가

어떻게 나는 사막의 영혼에 사로잡혔으며
어떻게 달의 마법은 나를 가축 떼의 신앙으로부터
멀어지게 했는가
어떻게 나의 불완전한 심장이 커져
그 어떤 반쪽도 나머지 반쪽을 맞추지 못했을까
어떻게 나는 서서 보았을까
땅이 은신처에서 나와
내 발밑으로 빠져나가는 것을
내 연인의 온기가
내 몸의 공허한 기다림으로 전달되지 않는 것을

어디가 정상인가
나에게 피신처를 제공해 주기를
오, 어지러운 등불들이여
오, 의심 많은 밝은 집들이여

깨끗한 빨래들이 향기 가득한 연기의 품속에서
그대의 햇빛 가득한 지붕 위에서 펄럭이고 있다

나에게 피신처를 제공해 주기를
오, 단순하고 완벽한 여인들이여
그대들의 섬세한 손가락 끝은 그 살갗 밑에 있는
태아의 흐뭇한 움직임을 쫓고 있다
그대들의 옷깃 틈새에서는 공기가
신선한 젖 냄새와 섞여 있다

어디가 정상인가
나에게 피신처를 제공해 주기를
오, 불씨 가득 품은 화로들이여
행운의 편지들이여
부엌의 궂은 일상 속에서 달가닥거리는 놋그릇들이여
재봉틀의 슬픈 노래여
빗자루와 양탄자의 밤낮 없는 싸움이여
나에게 피신처를 제공해 주기를
오, 욕심 많은 모든 사랑이여

영원을 위한 고통스러운 욕망이
그대의 신혼 침대를 부적의 물과
신선한 핏방울로 장식하고 있다

하루 종일, 하루 종일 풀려나와
물 위에 뜬 시체처럼 풀려나와
나는 가장 무시무시한 바위를 향해 나아갔다
가장 깊은 바위 동굴을 향해
가장 큰 육식성 물고기를 향해
그리고 내 등의 가냘픈 척추가
죽음의 감각으로 찌르는 듯 아파 왔다

나는 할 수 없었다
더 이상 할 수 없었다
내 발걸음이 길을 거부하며 일어섰다
이미 후회가 내 영혼의 인내보다 더 넓어졌다
그리고 그 봄날, 그 초록빛 환영
창문을 스쳐 지나가던 환영이 내 마음에게 말했다
"보아라,

그대는 결코 앞으로 나아가지 않았다.
그대는 아래로 가라앉았다"

또 다른 탄생

어둠의 노래는 내 존재의 모든 것
그 노래는 내 안에서 그대를 반복하며
영원이 움트고 자라나는 새벽으로 데려가리라
아, 이 노래 속에서 나는 그대에게 한숨을 토해 낸다
이 노래 속에서 나는 그대를
나무와 물과 불에 연결 짓는다

삶은 아마도
하나의 긴 길이리라
한 여인이 매일 장바구니 들고 지나가는 그런 길
삶은 아마도 끈이리라
한 남자가 스스로를 나뭇가지에 매다는 그런 끈
삶은 아마도 어린아이이리라
학교에서 집으로 돌아가는 그런 어린아이

삶은 아마도
둘이 사랑을 나누다 잠시 쉬는 사이
담배에 불을 붙이는 것이리라
아니면 지나가던 사람의 아무 의미 없는 길이리라

모자를 벗어 들고 지나가던 다른 사람에게
아무 의미 없는 미소로
'좋은 아침입니다'라고 인사하는 그런 길
삶은 아마도 꽉 막힌 순간이리라
내 시선이 그대 눈동자 속에서
스스로를 망치는 그런 순간
그리고 이 안에 감각이 있다
나는 달의 느낌과 어둠의 인식을 그 감각과 섞으리라

혼자 있기에도 좁은 방에서
내 마음은
겨우 하나의 사랑만 지닐 수 있는 그런 마음은
자신의 행복을 가장할 단순한 핑계를 찾으며
화분 속 꽃들의 아름다움이 스러지는 것을 바라보며
우리 집 작은 정원에 그대가 키운 나무를 바라보며
카나리아의 지저귐에 귀 기울인다
겨우 하나의 창에 들릴 만한 그런 지저귐

아,

내 몫은 이만큼이다
내 몫은 이만큼이다
내 몫은
단지 커튼만 쳐도 나로부터 가릴 수 있는 그런 하늘
내 몫은 부서진 계단으로 내려가
고독과 부패 속에서 무엇인가와 만나려 하는 것

내 몫은 추억의 정원 속에서 슬픔에 젖어 산책하는 것
슬픔 속에서 생명을 바치는 소리가 내게 속삭인다
"나는 당신의 손을 사랑합니다"

작은 정원에 내 손을 심는다
자라서 푸르러질 것임을 나는 안다
나는 안다
나는 안다
내 잉크 묻은 손가락의 구덩이에 제비들이
알을 낳을 것임을

내 귀에 귀걸이를 건다

쌍둥이 붉은 체리로 된 귀걸이
손톱에 달리아 꽃잎을 붙인다
골목이 있다
그곳에는 나를 사랑했던 소년들이
여전히 가냘픈 다리와 목, 헝클어진 머리를 하고
어느 날 밤바람이 데려간
작은 소녀의 순진한 미소를 회상한다
골목이 있다
내 심장이 어린 시절의 마을에서 훔쳐 온 그 골목

시간의 선을 따라 어떤 몸이 여행을 한다
그 몸에 시간의 메마른 선이 잉태되고
그 몸은 어떤 그림을 알고 있다
거울의 축제에서 되돌아올 것이라는 그림을
그리고 그렇게
누군가는 죽고
누군가는 살아남는다

그 어떤 잠수부도 구덩이로 흘러드는 하찮은 실개천에서

진주를 캐지는 않을 것이다

나는
넓은 바다에 살고 있는 작고 슬픈 요정을
알고 있다
그녀는 나무 피리에 입을 대고 자신의 심장을
연주한다
부드럽게, 부드럽게
밤에 한 번의 입맞춤으로 죽어 가던 그 작고 슬픈 요정은
새벽이 되면 한 번의 입맞춤으로
다시 태어나리라

추운 계절의 시작을 믿어 보자

그리고 이것이 나다
고독한 여인
추운 계절의 문턱에서
땅의 오염된 존재를 느끼기 시작한다
그리고 하늘의 단순하고 슬픈 절망
그리고 이 콘크리트 손의 무력함

시간이 흘렀다
시계는 네 번을 쳤다
네 번을
오늘은 데이[1] 월의 첫날
나는 계절들의 비밀을 알고 있으며
순간들의 언어를 이해한다
구원자는 무덤에 잠들어 있다
그리고 흙, 흙을 받아들이는 것은
평온의 표시

시간이 흐르며 시계는 네 번을 쳤다

골목에 바람이 불어온다
골목에 바람이 불어온다
나는 꽃들의 짝짓기를 생각한다
꽃봉오리와 핏기 없는 가는 줄기를
그리고 이 소모적이고 피곤한 시간을
한 남자가 흠뻑 젖은 나무 곁을 지나고 있다
한 남자, 핏줄의 푸른 선들이
죽은 뱀처럼 그의 양쪽 목을 타고
기어 올라간다
두통 속에서 피투성이 말들을
계속 늘어놓는다
안녕, 안녕
그리고 나는 꽃들의 짝짓기를 생각한다
추운 계절의 문턱에서
거울들의 장례식장에서
색 바랜 경험들의 슬픈 모임에서
침묵의 지식을 수태한 석양에서
가는 사람에게 어떻게 멈추라 말하겠는가
너무도 참아 왔기에

너무도 무거웠기에
너무도 방황했기에
살아 있지 않은
한 번도 산 적이 없었던 사람에게
어떻게 말할 수 있는가

골목에 바람이 불어온다
고립된 외로운 까마귀들이
따분하고 오래된 정원을 맴돌고 있다
그리고 사다리
얼마나 볼품없이 낮은 사다리인가

그들은 잘 속아 넘어가는 심장 모두를
동화 속의 성으로 가져갔다
그리고 이제 또다시
어떻게 또다시 춤을 추기 위해 일어나겠는가
자신의 어린 시절 머릿결을
어떻게 흐르는 물에 흘려보낸단 말인가
그녀가 결국 따내어 냄새 맡은 사과를

어떻게 발밑에 던져 버릴 수 있는가

친구여, 오직 하나밖에 없는 친구여
어떤 검은 구름들이 태양의 축제를 기다리고 있는가

어느 날 한 마리 새가 나타나
비상을 꿈꾸고 있었던 듯하다
바람의 욕망 속에서 호흡하는 새로 돋아난 잎사귀들은
환상의 푸르른 선 같았다
창문의 맑은 정신 속에서 불타는 제비꽃 불꽃은
바로 그 등불의 순박한 영상이었는가

골목에 바람이 불어온다
이것은 파멸의 시작이다
그대의 두 손이 파멸한 그날 역시 바람이 불었다
친애하는 별들이여
친애하는 종이 별들이여
하늘에서 거짓말이 불어오기 시작하는데
망신당한 예언자들의 경전 구절에서

어떻게 또다시 피신처를 구할 수 있겠는가
우리는 수천 년간 죽은 수천의 사람들처럼
서로 만나게 될 것이며
그때 태양은 우리의 부패한 시신에게 심판을 내릴 것이다

나는 춥다
나는 춥다, 따뜻한 날들은 결코 찾아오지 않을 것 같다
오, 친구여
하나밖에 없는 친구여
"그 포도주는 도대체 몇 년이나 되었는가?"
보아라, 이곳에서 시간의 무게가 얼마나 나가는지
물고기들이 어떻게 내 몸을 물어뜯는지
왜 당신은 항상 나를 바닷속 깊은 곳에 가두려고 하는지

나는 춥다
그리고 조가비 목걸이에 싫증났다
나는 춥다
그리고 알고 있다
어느 야생 모란[2]의 붉은 환상들 중

몇 방울의 피 외에는
그 자리에 아무것도 남지 않으리란 것을

나는 선들을 흩트려 놓겠다
숫자 세기도 포기하겠다
한정된 기하학적 형태의 한가운데에서 벗어나
감지할 수 있는 광활한 공간에서 피신처를 찾으리라
나는 발가벗었다
발가벗었다
발가벗었다
사랑 이야기 사이사이의 침묵의 순간처럼
나는 발가벗었다
내 상처들은 모두가 사랑 때문이다
사랑 때문, 사랑, 사랑
나는 이 방황하는 섬을 타고
바다의 폭동과
산의 폭발을 무사히 넘기며 항해해 왔다
조각조각 부서진 것은 그 하나로 합쳐진 존재의 비밀이었다
그 가장 비천한 조각들로부터

태양이 탄생했다

오, 순박한 밤이여, 안녕
야생 늑대의 눈들을
신앙과 믿음의 뼈 가득한 동굴과 바꾼 밤이여, 안녕
당신의 강가에서는 버드나무 영혼들이
도끼들의 친절한 영혼 냄새를 맡고 있다
나는 생각과 말과 소리에 무관심한 세상에서 왔다
그리고 이 세상은 뱀들의 소굴 같다
그리고 이 세상은 사람들의 발걸음 소리로 가득 차 있다
당신에게 키스를 퍼붓는 사람들은
마음속에서 당신 목을 매달 밧줄을 꼬고 있기 때문

오, 순박한 밤이여, 안녕
창문 사이에는 그리고 보는 것에는
항상 일정한 거리가 있다
왜 나는 보지 못했는가
한 남자가 흠뻑 젖은 나무 곁을 지나가고 있던 그 시간들을
왜 나는 보지 못했는가

그날 밤 나의 어머니는 울었던 것 같다
내가 고통에 다다르고 정액이 형태를 갖추던 그날 밤
내가 아카시아 꽃의 신부가 되던 그날 밤
이스파한이 푸른 타일의 메아리로 가득 차던 밤
내 반쪽이었던 그 사람은 내 정액 속으로 되돌아왔다[3]
나는 거울에서 그를 보았다
그는 거울처럼 깨끗하고 밝았다
그리고 갑자기 나를 불렀고
나는 아카시아 꽃의 신부가 되었다

그날 밤 나의 어머니는 울었던 것 같다
이 닫혀 있는 작은 창에서 어떤 헛된 빛이 고개를 내밀었겠는가
왜 나는 보지 못했는가
모든 행복의 순간들은 알고 있는
당신의 손이 파멸되리라는 것을
그리고 나는 보지 못했다
시계의 창이 열리고
그 슬픈 카나리아가 네 번을 칠 때까지

네 번을 쳤다
그리고 나는 그 작은 여자와 마주쳤다
그녀의 두 눈은 불사조들의 텅 빈 둥지 같았다
그녀는 허벅지를 흔들며 지나가고 있었다
마치 내 영광스러운 꿈의 처녀성을
밤의 침대로 가져가는 것 같았다

또다시 내 머릿결을
바람 속에서 빗질할 수 있을까
또다시 작은 정원에 제비꽃을 심을 수 있을까
제라늄 꽃들을
창문 뒤 하늘에 놓을 수 있을까
또다시 찻잔들 위에서 춤을 출 수 있을까
또다시 초인종이 나를 소리가 기다리는 곳으로 데려갈 수 있을까
나는 어머니에게 말했다
"이제 모두 끝났어"
나는 말했다
"항상 생각하기 전에 일은 벌어져

우리는 신문에 애도의 글을 실어야 해"

공허한 인간
신념 가득 찬 공허한 인간
보라, 그가 얼마나 이를 악물며
노래하는지
그리고 그의 두 눈은
무언가를 얼마나 뚫어지게 바라보는지
그리고 그가 어떻게 흠뻑 젖은 나무 곁을 지나가고 있는지
참으면서
무거워하면서
방황하면서

네 시에
핏줄의 푸른 선들이
죽은 뱀처럼 그의 양쪽 목을 타고
기어 올라간다
두통 속에 피투성이 말들을
계속 늘어놓는다

안녕, 안녕

도대체 당신은
그 네 송이 튤립 꽃의
냄새를 맡아 본 적 있는가

시간이 흘렀다
시간이 흐르며 밤은 아카시아의 벌거벗은 가지 위로 떨어졌다
밤은 유리창 뒤로 미끄러져 들어왔다
그의 싸늘한 혀가
사라진 낮의 앙금들을 빨아들이고 있었다

나는 어디에서 왔는가
어디에서 왔길래
이토록 밤의 냄새에 젖어 들었는가
아직도 그의 무덤 흙은 마르지 않았다
그 푸르고 젊은 두 손의 무덤을 말하는 것이다
오, 친구여
하나밖에 없는 친구여, 그대는 얼마나 친절했던가

그대가 거짓말을 할 때도 얼마나 친절했던가
거울의 눈꺼풀을 닫을 때도 얼마나 친절했던가
샹들리에 빛을
전선 줄기에서 따낼 때도
질식할 듯한 암흑 속에서 나를 사랑의 숲으로 데려갈 때도
갈증의 불을 뒤쫓아 온 그 어지러운 안개가
잠든 잔디에 내려앉을 때도

그리고 그 종이 별들은
영원의 주위를 맴돌고 있다
왜 그들은 자신의 말을 소리 내어 말했을까
왜 시선은 만남의 집에 손님으로 초대되었을까
왜 그들은
처녀성 가진 머릿결의 수줍음을 애무했을까
보라, 이곳에서
낱말들로 말을 했으며
시선으로 애무했으며
날뛰는 것을 그 애무로 잠재웠던 사람의 영혼이
환영의 깃대 위에서

어떻게 못 박혀 처형되었는지를
그리고 진실haqiqat이라는 단어의 다섯 철자 같았던[4]
그대 다섯 손가락 각인이
어떻게 그의 뺨 위에 새겨졌는지를

침묵이란 무엇인가 무엇인가 무엇인가
오, 하나밖에 없는 친구여
침묵이란 무엇인가
단지 말하지 않은 낱말들인가
나는 말을 멈추었다
하지만 참새들의 언어는
자연의 축제에서 유통되는 문장들의 살아 있는 언어
참새들의 언어는 봄, 나뭇잎, 봄
참새들의 언어는 바람, 향기, 바람
참새들의 언어는 공장에서 죽어 가고 있다

이 사람은 누구인가
영원의 거리에서 하나의 순간을 향해 가고 있는
이 사람은

영원의 시계 태엽을
빼기와 나누기의 수학적 논리로 감고 있는 이 사람은
이 사람은 누구인가, 수탉의 울음소리를
하루의 심장의 시작이 아니라
아침 식사 냄새의 시작으로 알고 있는 이 사람은
이 사람은 누구인가, 사랑의 왕관을 머리에 쓰고
웨딩드레스 안에서 썩어 가고 있는 이 사람은

태양은 결국
한 순간도
절망의 양극 위에서 빛나지 않았다
당신은 푸른 타일의 메아리를 비워 냈다

그리고 사람들이 내 소리에 맞춰 예배를 드릴 만큼
나는 너무도 넘쳐 나고 있다

행복한 시체들
미적지근한 시체들
조용하지만 생각이 많은 시체들

잘 먹고 잘 입고 잘 어울리는 시체들
정해진 시간의 정류장에서
의심스럽고 일시적인 빛을 배경으로
쓸데없는 썩은 과일들을 욕심 사납게 사려는 시체들
아
어떤 사람들이 네거리에서 사고를 걱정하는가
그리고 멈춤을 알리는 호루라기 소리
바로 그 순간 틀림없이 틀림없이 틀림없이 틀림없이
한 남자가 세월의 수레바퀴 밑에서 짓눌려지고 있을 것이다
흠뻑 젖은 나무 곁을 지나가고 있는 남자

나는 어디에서 왔는가
나는 어머니에게 말했다
"이제 모두 끝났어"
나는 말했다
"항상 생각하기 전에 일은 벌어져.
우리는 신문에 애도의 글을 실어야 해"

오, 고독의 어색함이여, 안녕

나는 네게 방을 주겠다
그 검은 먹구름들은 항상
새롭게 정화된 경전 구절들을 가져오는 사도들이기 때문
또한 촛대의 순교지에
눈부신 비밀이 있기 때문
가장 길게 뻗은 마지막 불꽃이 잘 알고 있는 비밀

믿어 보자
추운 계절의 시작을
상상 속 정원의 파멸을
게으르게 엎어져 있는 낫들과
감옥에 갇혀 있는 씨앗들을
보라, 얼마나 많은 눈이 내리는지

아마도 진실은 그 젊은 두 손이었는가
그 손은 한바탕 내린 눈 아래 파묻혔다
그 이듬해, 봄이
창문 너머 하늘과 사랑을 나눌 때
또한 그의 몸속에서 끓어오를 때

짐을 덜어 낸 나무줄기들의 푸르른 분수대가
꽃을 피울 것이다
오, 친구여
하나밖에 없는 친구여

추운 계절의 시작을 믿어 보자

1_ 데이(Dei)는 이란력으로 10월이며 통상적으로 겨울이 시작되는 달이다.
2_ 여기서 야생 모란은 처형당한 혁명가들을 상징한다. 〈나는 작은 정원을 동정한다〉라는 시에서 '별'이 혁명가를 상징하는 것과 마찬가지이다.
3_ 아들의 탄생을 표현한 말이다.
4_ 페르시아어로 진실이라는 단어는 다섯 철자로 이루어져 있다.

네가 간 뒤

오, 일곱 살
오, 출발이 경이로운 순간이여
네가 간 뒤 무엇이 지나갔든, 무지와 광란이 난무하며 지나갔다
네가 간 뒤 힘든 날도 밝은 날도 삶을 함께했던 창문은
우리와 새 사이에서
우리와 바람 사이에서
  깨졌다
    깨졌다
      깨졌다, 네가 간 뒤, 그
진흙 인형은
아무 말도 하지 않았던 그 인형은 깨졌다
물, 물, 물 외에는 아무것도
물에 가라앉지 않았다

네가 간 뒤 우리는 귀뚜라미 소리를 죽였다
알파벳 철자들을 내뱉으며 울리는 벨 소리에
무기 생산 공장의 호루라기 소리에 우리는 마음을 빼앗겼다

네가 간 뒤 우리의 운동장은 책상이었다

책상 밑에서 책상 뒤로
그리고 책상 뒤에서
책상 위로 우리는 옮겨 다녔다
우리는 책상 위에서 놀았다
그리고 우리는 잃었다
네 색깔을 잃었다
오, 일곱 살이여

네가 간 뒤 우리는 서로를 배신했다
네가 간 뒤 모든 추억들을 지워 버렸다
연필심 조각으로
분출하는 핏방울로
골목길 담벼락의 분필 가득한 관자놀이에서 지워 버렸다

네가 간 뒤 우리는 광장으로 나갔다
그리고 소리쳤다
"……에게 삶을,
 ……에게 죽음을"

우리는 광장의 아우성 속에서 짤랑거리는 몇 푼의 동전을 위해
영악하게 도시를 찾아온 동전을 위해 손뼉을 쳤다
네가 간 뒤 서로의 살인자가 되었던 우리는
사랑을 위해 판단을 내렸다
우리의 마음이
우리의 주머니를 걱정하던 방식 그대로
사랑의 몫을 받기 위해 판단을 내렸다

네가 간 뒤 우리는 묘지로 향했다
죽음은 할머니의 차도르 밑에서 숨을 쉬고 있었다
죽음은 거대한 나무였다
시작의 이편에 있는 산 것들이
그 나무의 지친 가지에 띠를 매달고 있었으며[1]
끝의 저편에 있는 죽은 것들이
그 나무에 이미 박힌 뿌리를 파헤치고 있었다
그리고 죽음은 그 성스러운 무덤 위에 앉아 있었다
갑자기 네 귀퉁이에서 네 송이 푸른 튤립이
밝게 빛났다[2]

바람 소리 들려온다
바람 소리 들려온다
오, 일곱 살이여
나는 일어나서 물을 마셨다
갑자기 생각이 떠올랐다
네 젊은 농장은 메뚜기들의 공격이 얼마나 두려웠을까
얼마나 값을 치러야 하는가
얼마나 값을 치러야 하는가
이 콘크리트 육면체를 키우기 위해

우리가 잃어야만 하는 모든 것들을
우리는 이미 잃어버렸다
우리는 등불 없이 길을 나섰다
그리고 달
달과 친절한 여인이 항상 그곳에 있었다
진흙과 지푸라기 섞어 바른 지붕의
어린 시절 기억 속에
메뚜기의 공격을 두려워하는 젊은 농장 위에 있었다

얼마나 값을 치러야 하는가

1_ 이란에서 시골 사람들은 큰 고목에 영험이 있다고 믿고 그 나뭇가지에 띠를 매달아 기도하면 그 기도가 받아들여진다고 믿었다.
2_ 무덤을 밝히는 푸른 수은등이 켜졌다는 의미이다.

창문

보기 위한 하나의 창문
듣기 위한 하나의 창문
우물 같은 하나의 창문
그 깊은 곳에서 지구의 심장과 맞닿은 우물
지지 않는 푸른빛 광활한 친절을 향해 열려 있는 우물
고독한 작은 두 손을
자비로운 별들이 선물한 밤의 향기로
가득 채우는 하나의 창문
그곳에서는 가능하리라
제라늄 꽃의 고독한 축제에 태양을 초대하는 일이

나에게는 하나의 창문이면 충분하다

나는 인형들의 땅에서 왔다
그림책 정원에 있는
종이 나무 그늘 아래
순수한 흙바닥 골목에서 사랑과 우정 한 번
꽃피워 본 적 없는 메마른 계절들
결핵 걸린 학교의 책상 뒤에서

색 바랜 알파벳 문자들을 익혀 가던 나날들
아이들이 칠판 위에
'돌'이라는 단어를 쓸 수 있었던 순간들과
놀란 찌르레기들이¹ 고목을 가득 채우던 순간들로부터
나는 나왔다

나는 식육 식물의 뿌리에서 나왔다
그리고 나의 뇌는 여전히
나비의 비명 소리로 넘쳐 난다
아이들이 바늘로 심장을 찔러
공책에 채집한 그 나비의 소리로

내 믿음이 가느다란 정의의 밧줄에 매달렸을 때
그리고 온 도시에
내 등불의 심장이 조각조각 흩어졌을 때
내 사랑의 천진난만한 두 눈이
법의 검은 손수건으로 가려졌을 때
내 희망이 고동치는 관자놀이에서
피의 분수가 뿜어져 나왔을 때

내 삶이 벽시계의 째깍째깍 소리 외에
더 이상 아무것도 아닌 것이 되었을 때
나는 깨달았다
미친 듯이 사랑해야 한다는 것을

나에게는 하나의 창문이면 충분하다
이해하고, 느끼고, 침묵하는 순간의 창문 하나
이제 호두나무 묘목은 부쩍 자라
어린 나무 잎사귀들에게 '벽'이라는 의미를
설명할 수 있다
거울에게 물어보라
그대를 구원해 줄 사람의 이름을
그대 발밑에서 떨고 있는 땅은
그대보다 더 외로운가
예언자들은 파멸의 예언을
우리 시대에 가져왔는가
이 연이은 폭발들과
독 품은 구름들은
성스러운 경전 구절들의 메아리인가

오, 친구여
오, 형제여
오, 동포여
달에 도착하거든
꽃들을 대량 학살한 날을 기록하라

꿈들은 항상
순수함의 정상에서 추락해 죽어 가는 법
나는 네 잎 클로버 냄새를 맡는다
퇴색한 개념의 무덤 위에서 자라난 클로버
자신의 순결과 기대의 수의에 싸여
흙이 된 여인은 나의 젊은 시절이었는가
내 집 지붕 위에 발을 내디딜 친절한 신에게 인사드리기 위해
나는 다시 나의 호기심 계단을 오르게 될 것인가

나는 느낀다
시간이 이미 흘러갔음을
나는 느낀다
'순간'이란 역사의 여러 페이지 중 하나가 내 몫임을

나는 느낀다
탁자는 내 머릿결과 이토록 낯설고 슬픈 두 손 사이에 있는
거짓 공간임을
무슨 말이든 나에게 해 달라
그대에게 살아 있는 몸의 친절을 베풀 사람이
살아 있다는 느낌 말고 그대에게 무엇을 더 바라겠는가
무슨 말이든 해 달라

창문에 피신처를 구한 나는
태양과 관계하고 있다

1_ 이란의 초등학교 1학년 국어 교과서에서 아이들이 처음 배우는 문장 중의 하나가 "나무에서 찌르레기들이 날았다."이다.

잃어버린 것

슬프다
그 미친 짓들 이후
내가 영리할 거라는 믿음은 사라졌다
내 안의 '그'가 죽자
나는 이토록 지치고 말이 없고 허무해졌다

나는 절망에 빠져 거울에게 끊임없이 묻는다
도대체 나는 무엇인가
그대 눈에 나는 무엇인가
나는 거울 속에서 본다
나였던 그 실체의 그림자조차도 내가 아니었다

나는 춤을 춘다
인도의 무희처럼 고혹적인 춤을
내 무덤 위에서 스러지는 수백의 회한들과 함께
이 폐허를 나만의 빛으로 밝혀 왔다

나는 낮의 도시로 향하는 길을 찾을 수가 없다
내 무덤의 미로에 빠져 걱정도 잊고 잠이 들었다

나는 보물을 갖게 되었다
하지만 공포에 떨며 마음의 늪 속에 감추어 버렸다

나는 걷는다
하지만 스스로에게도 묻지 않는다
길은 어디인지, 집은 어디인지, 목적지는 어디인지
키스를 퍼붓는다
하지만 스스로는 알지 못한다
이 미친 마음이 누구를 숭배하는지

내 안에 있던 '그'가 죽자
갑자기 모든 것들이
내 앞에서 등을 돌렸다
마치 밤의 차가운 두 손이
불안한 내 영혼을 덮치듯

그렇다, 이것이 나이다
하지만 무슨 소용이 있는가
내 안의 '그'는 더 이상 없다

없다
나는 미친 듯 숨죽여 소리친다
내 안의 '그'는 끝내 누구인가
누구인가

남는 것은 오직 소리뿐

나는 왜 멈추어야 하는가, 왜
새들은 푸른 영역을 찾아 떠났다
수평선은 세로로 서 있다
수평선은 세로로 서서
분수처럼 움직인다
눈의 테두리 안에서
밝은 행성들이 돌고 있다
지구는 높은 곳에서 되돌아오기를 반복한다
그리고 공기 담은 구덩이들은
소통을 위한 터널로 변신한다
낮은 너무도 광활하다
신문 벌레의 좁은 상상력 안에 담아내기에는

나는 왜 멈추어야 하는가
길은 인생의 실핏줄을 통과한다
달의 자궁 속 조각배 주변 공기들은
썩어 가는 세포들을 죽일 것이다
일출 후 화학적 공간 속에는
오직 소리만 남아

시간의 분자에 흡수될 텐데
나는 왜 멈추어야 하는가

늪은 무엇이 될 수 있을까
썩은 벌레들이 알을 까는 장소 말고
또 무엇이 될 수 있겠는가
시신 안치실의 사상들을
부풀어 오른 시체들이 받아 적고 있다
남자답지 못한 사람이 어둠 속에
자신의 결핍된 남자다움을 숨겼다
그리고 바퀴벌레, 아
바퀴벌레도 말을 하는데
나는 왜 멈추어야 하는가
납 활자¹와의 제휴는 쓸데없는 짓이다
납 활자와의 제휴는
비천한 생각들을 구제하지 못할 것이다
나는 나무의 후손
침체된 공기를 호흡하는 일이 나를 괴롭힌다
죽은 새가 나에게 충고한다

날갯짓을 기억 속에 간직하라고
힘의 궁극적 목표는 결합이다
태양의 빛을 바라는 원천과의 결합이며
그 빛의 의식 속에 잠기는 것이다
당연하다
풍차도 언젠가는 부서지게 마련인데
나는 왜 멈추어야 하는가
나는 덜 익은 밀 이삭을 품에 안고
젖을 먹인다

소리, 소리, 오직 소리뿐
물의 투명한 희망이 흐르는 소리
지구의 여성 영역 안으로 별빛 떨어지는 소리
의미의 정자를 품는 소리
그리고 사랑을 공유하는 마음의 팽창
그것은 소리, 소리, 소리, 남는 것은 오직 소리뿐

난쟁이들의 영토에서
표준 키의 사람들이 항상 0의 궤도를 따라 여행해 왔는데

나는 왜 멈추어야 하는가
나는 네 가지 요소[2]에 복종하겠다
그리고 내 심장의 법을 제정하는 일은
눈먼 지방 정부가 할 일이 아니다

짐승의 성기에서 들려오는 야성의 긴 울부짖음이
나와 무슨 관계가 있는가
고깃덩이에 기생하는 벌레의 천박한 움직임이
나와 무슨 관계가 있는가
꽃들의 피에 물든 조상이 나에게 삶을 강요했다
그대들은 아는가
꽃들의 피에 물든 조상을

---

1 _ '납 활자'는 인쇄의 한 과정을 이야기하는 것이다. 파로흐자드는 문학적 가치도 없는 시집들이 대량으로 출판되던 당시의 시대상을 지적했다.
2 _ 네 가지 요소란 이란의 전통 종교인 조로아스터교 교리에 따라 물, 불, 흙, 바람을 말한다.

그녀의 집은 어디인가

신양섭

강렬하고도 순수한 시, 짧고도 운명적인 삶

포루그 파로흐자드는 1935년 테헤란에서 중류층 가정의 일곱 자녀 중 셋째로 태어났다. 군인이었던 아버지 모함마드 파로흐자드는 엄격하고 완고한 성격의 소유자였으며, 가정적이었던 어머니 투런 타버르는 자신의 딸들을 그 시대의 요구대로 전형적인 요조숙녀로 키우기를 원했다. 하지만 다른 딸들과 달리 활달한 성격이었던 파로흐자드는 이웃집 사내아이들과 어울려 놀며 여성스러움과 거리가 먼 행동을 했던 탓에 어머니의 잔소리를 귀에 달고 살았다. 9학년까지의 초중등교육을 마친 파로흐자드는 카멀 알-몰크 기술고등학교에 진학해 회화와 양재를 배웠다. 이때 그녀는 꿈 많은 소녀로서 예술에 눈을 뜨기 시작했다. 그림과 옷 만드는 일 외에도 시에 관심을 갖기 시작해 틈틈이 고전 시집을 읽었으며 직접 시를 쓰기도 했다.

또래에 비해 성숙했던 파로흐자드는 사랑에 눈을 뜨면서 학업을 중단했다. 이웃에 거주하던 먼 친척이자 자신보다 열다섯 살 연상인 파르비즈 셔푸르와 사랑에 빠진 것이다. 결국 1951년 집안의 반대에도 불구하고 열여섯 살의 나이에 풍자 만화가였던 셔푸르와 결혼한 후 남편의 직장을 따라 이란 남서부의 아흐버즈에서 신혼 생활을 시작했으며 1년 후 아들 컴여르를 낳았다.

결혼 후에도 파로흐자드의 시에 대한 관심은 높아져 갔다. 완고한 분위기의 친정에서 벗어나 독립된 한 가정을 꾸리게 되면서 자유로운 활동이 보장되었을 뿐 아니라 같은 예술가로서 남편의 격려와 지원까지 받게 된 그녀는 본격적인 시작 활동에 들어갔다. 그녀는 문학잡지에 시를 발표하기 위해 자주 테헤란을 방문하기도 했다. 당시 유명한 시인이자 잡지사 편집장이었던 페레이둔 모쉬리는 이 시골의 어린 신부를 만난 첫인상을 다음과 같이 밝히고 있다.

> 부스스한 머릿결에 잉크 묻은 손, 그리고 꾸깃꾸깃한 원고를 든 한 소녀가 우리 사무실에 찾아왔다. 그녀는 두려움과 당황함으로 얼굴을 붉게 물들이며 자신의 원고를 내 책상 위에 올려놓았다. 이 소녀가 바로 포루그 파로흐자드이다. …… 그녀는 자신의 처녀작을 우리 잡지사에 투고했으며 그 주에 수십만 명의 독자가 그녀의 솔직한 시와 접했다. 훗날 매우 유명해지고 많은 사람들로부터 사랑받게 될 한 여성 시인의 이름을 알게 된 것이다.

아흐버즈에서의 신혼 생활은 시작부터 평탄치 않았다. 테헤란에서 지방의 소도시로 이주한 그녀에게 주변의 시선이 집중되기 시작했다. 1936년 팔레비 왕정이 히잡 착용을 금지하는 법을 반포하고 서구화 정책을 펼쳤기 때문에 테헤란에서는 이미 많은 여성들이 히잡을 벗고 서구 복장을 따르기 시작했다. 자유로운 영혼의 소유자였던 파로흐자드 역시 전통을 고수할 리 만무했다. 하지만 소도시 아흐버즈는 여전히 과거에 머물러 있었다. 짧은 치마를 입고 파마머리에 짙은 화장을 하고 돌아다니는 파로흐자드를 세간은 그냥 두지 않았다. 파로흐자드는 변함없이 남편을 사랑했지만 주변의 시선과 여론은 그녀를 점차 새장 같은 감옥으로 몰아넣었다. 당시 파로흐자드의 심리 상태는 첫 번째 시집의 〈포로〉, 〈도피〉, 〈반지〉 등의 시에 잘 묘사되어 있다.

자신의 꿈을 버리지 않고 자유로운 영혼을 찾아 넓은 세계를 날고 싶었던 파로흐자드는 결혼한 지 3년 만인 1954년 남편과 이혼하고 테헤란으로 돌아왔고, 그동안 자신이 쓴 시 44편을 골라 1955년 첫 번째 시집 《포로》를 출간했다. 시인으로서 첫 출발을 시작했지만 이혼의 후유증은 곧바로 찾아왔다. 당시 가족법에 따라 아들에 대한 양육권이 남편에게 주어졌을 뿐 아니라, 아들과의 면접권도 완전히 차단되어 아들에 대한 그리움이 큰 한으로 남았다. 또한 이혼녀라는 따가운 시선이 그녀를 괴롭혔다.

결국 그녀는 1955년 9월 신경쇠약으로 정신병원에 입원해 약 1개월 간 전기 충격 치료까지 받으며 상처 입은 영혼을 치유했다. 파로흐자드는 전남편에게 보낸 편지에서 당시 자신의 상태에 대해 다음과 같이 밝혔다.

> 나의 모든 정신적 고통은 외로움에서 비롯되었다. 내가 혼자 있을 때 아무도 나에게 건강하고 좋은 생각을 주사 놓지 않았다. …… 부끄러움과 불행 탓에 내 존재감이 전혀 느껴지지 않았다. 나 자신이 한없이 처량해져 현세의 나를 제거할 계획도 세웠다.

1956년 여름, 병에서 회복된 파로흐자드는 자신의 두 번째 시집

《벽》을 출간해 전남편에게 바쳤다. 25편의 시를 담은 이 시집에서 그녀는 제목에서도 느낄 수 있듯이 이혼 후의 사회적 편견과 왜곡으로 인한 고통을 호소했다. 시집 발간 직후인 1956년 7월 파로흐자드는 생애 처음으로 해외여행을 떠나 이탈리아와 독일을 여행했다. 페르시아 문학계에서 항상 여성으로서의 구속감과 상실감을 느끼며 수많은 풍문에 시달려 왔기에 보다 자유로운 세계인 유럽으로 탈출을 시도한 것이다. 1957년, 9개월 간의 유럽 여행을 마치고 귀국한 파로흐자드는 보다 강하고 자유로운 영혼이 되어 돌아왔다.

귀국 직후 그녀는 문학 주간지 〈페르도우시〉에서 잠시 근무하면서 자신의 유럽 기행문 《영원의 석양에서》를 출판했다. 이 책은 유럽 여행에서의 기억뿐 아니라 자신의 어린 시절과 사춘기의 회고도 담고 있어 그녀의 사생활에 대한 많은 정보를 제공해 준다.

유럽 여행에서 돌아온 후 이전보다 더 자유분방하게 여러 남성들과 접촉하는 그녀에게 페르시아 문학계는 더욱 차가운 시선을 보냈다. 심지어 그녀를 성적 노리개로 보고 접근해 오는 남성도 많았다. 이런 분위기 속에서 1958년 파로흐자드의 세 번째 시집 《저항》이 출간되었다. 17편의 시가 수록되어 있는 이 시집에는 제목에서 볼 수 있듯이 남성 중심의 부도덕한 사회에 저항하는 그녀의 강한 의지가 담겨 있다.

1958년 10월 파로흐자드는 '골레스턴 영화 스튜디오'로 직장을 옮기면서 스튜디오 주인이자 영화감독이었던 에브러힘 골레스턴과 운명적인 만남을 시작한다. 그녀가 주위의 따가운 시선에 아랑곳하지 않고 그토록 수많은 남성을 섭렵한 것도 이 최후의 남성을 만나기 위한 과정처럼 보였다. 골레스턴은 파로흐자드의 재정적

스폰서였으며, 사회적 방패막이었고, 정신적 안식처였다. 당연히 두 사람의 사랑은 뜨겁게 타올랐다. 하지만 불행하게도 골레스턴이 유부남이었기에 이 둘의 관계는 소위 '부적절'했으며 유난히 보수적인 페르시아 사회에서 이들의 지속적 만남은 또 다른 스캔들이 되어 이란 문학계에 빠르게 확산되었다.

1960년 그녀는 자기 회의, 아들과의 이별, 가족 문제, 재정적 불안정 등의 압박을 받으며 자살을 시도했다. 그녀는 한 통의 수면제를 복용했지만 얼마 뒤 병원에서 깨어났다. 이후 파로흐자드는 골레스턴의 적극적인 후원 아래 영화 제작에 더욱 몰두하면서 틈틈이 시를 써 나갔다.

파로흐자드 생애의 마지막 10년은 가장 강력하고 뛰어난 창작열을 발휘한 시기이다. 1962년 그녀는 나환자 수용소를 다룬 다큐멘터리 〈그 집은 검다〉를 제작했다. 그녀는 나환자 수용소에 12일간 머물면서 나환자 부모 사이에서 태어난 하산 만수리라는 소년을 취재했다. 이 다큐멘터리는 이란 국내에서 혹평을 받았지만 해외에서는 대단한 호평을 받아 1963년 독일의 위버하우젠 영화제에서 다큐 부문 대상을 수상했다.

그녀는 1963년 자신에게 큰 명성과 많은 상을 안겨 준 최대의 걸작 시집을 펴냈다. 총 35편의 시를 담은 이 시집은 그녀 자신의 말대로 "자신을 새롭게 발견한" 시집이 되었다. 마치 자신이 새로운 시인으로 거듭난 것을 암시하듯이 시집 이름도 《또 다른 탄생》이었으며 자신의 새로운 탄생을 도와준 골레스턴에게 이 시집을 바쳤다. 앞서 출판한 3권의 시집이 거의 1년 간격으로 출판된 것에 비해 이 네 번째 시집의 출판에는 5년이라는 보다 긴 시간이 필요했다.

1967년 2월 14일 파로흐자드는 자신의 어머니 집을 방문해 점심 식사를 하고 돌아오던 중 자동차 사고로 사망했다. 그녀의 나이 32세. 장례식은 눈이 내리는 가운데 진행되었고 마치 그녀가 자신의 시 〈추운 계절의 시작을 믿어 보자〉에서 예고라도 한 듯 하얀 눈 속에 묻혔다.

짧은 여행, 긴 자취

짧은 생애를 살았기에 파로흐자드의 문단 활동은 불과 10여 년에 불과했다. 그 짧은 기간 동안 파로흐자드는 다섯 권의 시집과 한 편의 기행문을 펴냈으며 《악몽》이라는 제목의 단편소설, 마지드 로우샨가르와 공동 집필한 당대 시인들의 시선집 《니머 이후》 및 몇 편의 문학 비평문을 저술했다. 파로흐자드의 시집은 《포로》(1955), 《벽》(1956), 《저항》(1958), 《또 다른 탄생》(1963), 《추운 계절의 시작을 믿어 보자》(1974) 다섯 권이다. 이 가운데 처음 네 권은 파로흐자드 생존 당시 출판되었으며 다섯 번째 시집은 사망 후 유고 시집으로 출판되었다.

시집들의 제목은 그녀의 생애와 절묘하게 맞아떨어진다. 열여섯 살의 어린 나이에 결혼한 후 결혼에 대한 환상이 깨진 파로흐자드에게 결혼 생활은 '포로' 생활이나 다름없었으며 가부장적 사회 구조는 자유로운 이상을 실현하고자 했던 그녀의 탈출을 막는 '벽'이었다. 때문에 그녀는 기존의 질서와 관습에 끊임없이 '저항'을 시도했다. 결국 그녀는 여전히 어린 열여덟 살이라는 나이에 이혼을 결정하고 결혼이라는 감옥에서 탈출했다. 그 뒤 파로흐자드는 한 사람의 자유 여성으로서 새 삶을 시작했으며 진정한 연인을 찾아 방황을 시작했다. 이혼녀라는 핸디캡을 안고 있는 어린 여성이 여러 남성들과 자유롭게 접촉하자 가부장적 이란 사회나 남성 중심의 보수적인 이란 문단은 그녀에게 곱지 않은 시선을 던졌다. 하지만 수많은 경험과 시련 끝에 에브러힘 골레스턴이라는 남성을 만나 안정을 얻은 파로흐자드는 정신적으로나 육체적으로나 더욱 성숙해진 새로운 여성으로 거듭 '탄생'했으며, '추운 겨울'이 시작되어도 견딜 수 있는 강인한 여성이 되었다.

그 형식이나 주제 면에서 이 시집들은 첫 세 권을 전반기, 나중 두 권을 후반기로 나누어 볼 수 있다. 전반기 시들은 자기 성찰적·고백적 성격이 강하며 형식에 있어서도 대부분 전통 문학의 형식을 따라 운율과 각운을 갖춘 정형시로 이루어져 있다. 시집의 제목이나 그 안에 담긴 시들의 제목이 암시해 주듯이 이 시기에 파로흐자드는 전통적 관습이나 가치관에 얽매여 있는 한 여성으로서 자신의 정체성 찾기에 몰두하고 있다. 처음 두 시집 《포로》와 《벽》의 주요 주제는 성적·낭만적 사랑이며 파로흐자드는 이 사랑의 주제를 자기표현의 수단이자 사회적 저항의 수단으로 활용했다. 파로흐자드는 이 두 권의 시집을 "인생의 서로 다른 두 무대 사이에서 필사적인 분투, 즉 일종의 자유를 쟁취하기 전의 마지막 헐떡임"이라고 묘사했다. 세 번째 시집 《저항》에 이르러서는 종교적·관습적 믿음에 대한 이의 제기가 주요 주제로 등장한다.

처음 세 권의 시집들이 거의 1년 간격으로 출판된 것에 비해 네 번째 시집 《또 다른 탄생》이 출판되기까지는 5년이라는 긴 공백 기간이 있었다. 물론 파로흐자드가 영화에 관심을 두고 있어 상대적으로 시작 활동이 뜸했다고 볼 수도 있으나 네 번째 시집을 분석해 보면 파로흐자드의 시가 주제나 형식 면에서 완전한 변신에 성공했음을 알 수 있다. 전통적인 정형시에서 탈피해 당시의 유행대로 자유시 형식을 따르기 시작했으며 주제도 다양해졌다. 시집의 제목대로 "또 다른 탄생"에 성공한 것이다.

사실 그녀로 하여금 '스캔들 많은 여류 시인'이라는 딱지를 떼고 진정한 '시인'으로 거듭나게 해 준 것도 이 네 번째 시집이다. 개인의 감정이나 사랑에 대한 표현은 자제하고 오히려 당대의 사회 문제, 정치 문제, 여성 불평등 문제를 신랄하게 풍자하는 부분에서 그녀의 성숙한 사고와 깊어진 인생관을 엿볼 수 있다. 파로흐자드 자신도 한 잡지사와의 인터뷰에서 자신의 진정한 시집은 네 번째 시집이라고 언급하면서 처음 세 권의 시집에 부끄러움을 느낀다고까지 고백했다.

> 《포로》,《벽》,《저항》세 권에 있는 내 시들은 나의 외적 세계에 대한 단순한 표현에 불과했다. 당시 시는 아직 내 안에 정착하지 못했다. 남편과 연인 그리고 한동안 내 곁에 머물렀던 모든 사람들이 내 안에 함께 살고 있었다. 하지만 나중에 내 안에 시가 한 공간을 차지하기 시작했으며 이 때문에 내 시의 주제도 변하기 시작했다. 시는 이제 더 이상 나 자신의 단순한 감정 표현 수단이 아니었다. 시가 내 내적 세계로 침투해 올수록 나는 더 많은 새로운 세계를 발견하고 확장해 나갔다.

한편, 그녀가 사망한 지 7년 만인 1974년에 그녀의 유작 일곱 편을 모아 유고 시집으로 펴낸 다섯 번째 시집《추운 계절의 시작을 믿어 보자》에서는 그녀의 시적 경지가 완숙기에 접어들었음을 알 수 있다.

파로흐자드가 문학 활동을 시작한 1950년대에 이미 이란에서는 시문학에서의 현대화 운동이 확산되고 있었다. 니머 유쉬즈(1895-1960)가 시집《신화》를 출판하면서 페르시아 시문학 역사는 새 시대로 접어들었다. 그럼에도 불구하고 파로흐자드의 처음 세 편의 시집 속 86편의 시들은 열두 편을 제외하고는 모두 고전 문학의 전통적 양식을 따르고 있다. 파로흐자드 자신의 말대로, "나는 니머를 늦게, 아니 오히려 제때에 발견했다. 다시 말해 많은 경험과 유혹과 방랑과 탐색의 시기를 거친 후 발견한 것이다." 이 말은 그녀의 시적 충동이 이제 더 이상 전통적 범주 안에만 머물 수 없었음을 의미한다. 새로운 시에는 새로운 시어, 새로운 이미지, 새로운 전망, 잘 다듬어진 역설적 감각이 필요했다.

파로흐자드의 후반기 시들은 전반기 시들과 뚜렷한 차이를 보이지만 그렇다고 갑작스런 파괴를 의미하지는 않는다. 오히려 그것은 전통 작시법을 넘어 서서히 이동한 진화의 결과이다. 다시 말해 파로흐자드가 자유시 형식으로 발전해 나간 것은 자연적인 필요에 의해서이지 전통 양식의 포기라는 유행에 따른 것은 아니다.

> 나는 니머의 시를 읽은 후에도 형편없는 시를 많이 썼다고 말하고 싶다. 나는 나 자신 안에서의 발전이 필요했으며 이러한 성장에는 시간이 필요했다.

파로흐자드의 작품은 독자들을 공평하게 놓아두는 법이 거의 없다. 강한 관심과 깊은 혐오감, 과도한 적개심과 고양된 찬양을 동시에 수반한다. 어떤 사람들은 그녀를 난잡한 여성으로 간주하거나 사랑과 예술을 두고 선택의 문제라고 주장하는 것이 위험하다고 생각한다. 반면 어떤 사람들은 그녀를 문화적 영웅으로 인정하여 신세계를 추구하는 반란이라고 보고 있다. 그녀가 어떻게 분류되든 그녀의 명성에 그녀를 찬양하는 찬사뿐만 아니라 그녀를 폄하하는 비난도 한몫한 것만은 사실이다. 사실 그녀 자체가 이중의 은유가 된다. 그녀를 폄하하는 사람들에게 그녀는 난잡함, 전통 가치의 상실, 무질서의 화신이다.

그녀의 인기는 사망 이후 더욱 꾸준히 성장해 왔다. 시집의 엄청난 재판 인쇄, 그녀의 생애와 시에 관한 논문 및 서적의 꾸준한 출현, 그녀 자신의 시 낭송과 인터뷰를 담은 테이프의 끊임없는 복사, 1979년 이란혁명 이전까지 매년 뛰어난 페르시아 문학도에게 "파로흐자드 문학상" 수여, 시집의 수개 국어 번역 출판 등은 그녀에 대한 대중의 인기와 관심을 잘 대변해 주는 부분이다. 의심할 바 없이 포루그 파로흐자드는 20세기 이란의 가장 재능 있는 여성 중 하나였다.

페르시아 문학 천년의 가장 중요한 여성 시인

포루그 파로흐자드는 페르시아 문학 최초의 가장 뛰어난 여류 시인이라 해도 과언이 아니다. 그녀 이전까지 페르시아 문학에서 뛰어난 여류 시인은 다섯 손가락 안에 꼽을 수 있을 정도로 극소수에 불과했다. 파로흐자드는 천년 전통의 페르시아 고전 문학이 그 형식을 파괴하고 현대 문학으로 접어들던 과도기의 시인으로서 당시에는 금기에 가까웠던 과감한 성적 묘사로 세인의 관심과 눈총을 동시에 받았다. 뿐만 아니라 그녀는 남성을 성적 표현의 대상으로 삼았던 최초의 시인이기도 하다. 그녀 이전에 페르시아 시문학에 등장하는 연인은 모두 여성이었다. 남성의 연인이 나온다 하더라도 그것은 사람이 아니라 신이 대상이 되었거나 동성애자의 연인으로 등장하는 것이 보통이었다. 하지만 파로흐자드는 다른 어떤 시인들보다 더 진하고 솔직하게 세속적 연인의 모습을 표현했으며 오늘날 봐도 낯 뜨거울 정도의 적나라한 애정 행각을 표현했기 때문에 그녀의 시는 센세이션을 불러일으켰다.

파로흐자드의 시가 당시 페르시아 문학계에 센세이션을 일으킨 데에는 그녀의 삶도 한몫했다. 어린 나이에 결혼을 하고 3년 만에 이혼한 후 남성 중심의 보수적인 페르시아 문학계에서 홀로 활약함으로써 구설수에 올랐다. 또한 주변 시선에 아랑곳하지 않고 수많은 남성들과 자유롭게 접촉하여 온갖 추문을 달고 살았다. 그토록 층층이 복잡하게 쌓여 있고 역설적이며 여성에게 취약했던 한 사회를 시의 세계에서 재창조한 사람은 당대에 그리 많지 않았다. 그녀는 당돌하고 극단적인 방식으로 이상 및 관계와 규범을 공식화했으며 이를 너무도 솔직하고 담백하게 표현했기 때문에 따돌림을 당하기도 했지만 그로 인해 페르시아 현대 문학의 중심에 설 수 있었다.

파로흐자드의 시인으로서의 면모를 우리의 정형화된 틀 안에서 표현하기란 쉽지 않다. 그녀의 시는 이미 일정한 범주를 넘어섰으며 분류되기를 거부하고 있기 때문이다. 우리는 그녀의 다섯 권의 시집을 통해 고정관념을 거부하는 한 여성의 발전상을 목격할 수 있다. 그녀의 시에서 우리는 감성적·정신적·지적 관념의 우월성을 가진 한 여성, 여성에 대한 지배적 개념과 충돌하는 한 여성, 여성성이 관습적으로 정의되는 것에 반발하는 한 여성을 목격한다.

이란 문학사에서 여성은 항상 시의 소재로서 표현의 대상이 되어왔지 표현의 주체가 된 적은 거의 없었다. 하지만 파로흐자드는 그 주체가 되어 오히려 남성을 표현의 대상으로 삼았다는 점에서 이란 문학사에 과히 혁신의 한 획을 그었다고 할 수 있다.

그녀의 시는 남성에 대한 여성의 감정적 반응을 솔직하게 그려내고 있다. 자신의 욕망과 갈망을 표현함에 있어 그녀 스스로가 "겁 없음"이라고 묘사한 것은 육체적으로 자신의 마음이 가는 대로 따르고 만일 사람들이 자신의 개성을 억압한다면 과감하게 전통적 규범을 벗어던지는 새로운 여성상의 도래를 암시하는 것이었다. 전례 없는 "감정적 솔직함"과 "잔인한 성실함"이 너무도 뚜렷했던 파로흐자드의 초기 시들은 개인의 사적 영역을 대중의 시야에 노출시키는 것에 전통적으로 매우 비판적이었던 이란 문화를 휘저어 놓았다. 이란 문화의 예절과 도덕규범에서는 남성에게는 과묵을, 여성에게는 침묵과 몸을 낮추기를 요구했기 때문이다.

그녀가 살았던 20세기 중반의 이란은 정치적 격동기요, 사회적 변혁기였다. 미국과 영국을 비롯한 서구의 정치적 간섭과 이들의 후원을 받은 팔레비 왕정의 독재가 극에 달했다. 또한 현대화라는 미명 아래 서구화가 빠르게 진행되면서 유입된 서구 문화는 이슬람에 바탕을 둔 전통적인 가치관을 급격히 붕괴시켰다. 이러한 정치적·사회적 혼동 속에서 이란 국민은 점차 자신들의 정체성에 의문을 갖기 시작했다. 당대의 혼란과 강압적 분위기는 몇몇 뛰어난 시인들, 영화 제작자들, 작가들, 화가들, 극작가들에게 민주적 현대주의를 채택할 수 있는 견고한 배경을 마련해 주었으며 뛰어난 작품 창조의 모티프가 되었다.

　위대한 예술가들 속에서 파로흐자드의 목소리는 단연 돋보였다. 그녀는 한 개인이자 시인으로서 아무 슬로건 없이 국민과 여성의 억압을 포착했다. 그녀의 정치학은 자신의 몸이자 여성으로서의 경험에 바탕을 둔 것이었다. 그녀의 메시지는 현대성과 함께 섬뜩한 춤을 추는 전통 사회에 대한 저항이었다. 그녀의 투쟁은 그들의 이름이나 지위에 관계없이 모든 위선을 까발리는 것이었다. 그녀의 시는 그녀 자신의 실존을 방해하는 남성 중심의 사회적·전통적 규범과 태도를 반박하는 것이었다.

　그녀가 시를 쓰기 시작한 초창기에는 자신의 정체성과 자아의 공간을 탐색했다. 또한 그 공간에서 안주할 수 있는 연인을 찾아 헤맸다. 따라서 그녀의 초창기 시들은 지극히 개인적·서정적·감성적이었다. 하지만 그녀는 주변의 따가운 눈총과 비난을 견디며 점차 성숙해 갔다. 그녀의 고통스러운 경험이 그녀로 하여금 새로운 방향으로 눈뜰 수 있게 했다. 자신에게만 집중된 시선을 주위로 돌려 당시 사회상에 관심을 갖기 시작한 것이다. 전통적 가치관과 서구 문화 사이에서 방황하고, 왕정의 탄압과 서민들의 고통스러운 삶에 고뇌하고, 지식인들의 위선과 정치인들의 아첨에 분노했다. 그래서 그녀의 후기 시들은 사회적·서사적·이성적 경향을 띤다. 그녀는 인생에 대한 경험이 없는 젊은 시인에서 출발했지만 결국엔 세상에 자신의 존재를 분명히 알린 시인이자 여성으로 생을 마감했다. 그녀는 십 년 동안 자기 자신과 주변의 세계를 변화시켰으며 자신이 그토록 열심히 노력하고 진지하게 갈망했던 자유를 즐기며 살았다. 그러나 그런 그녀는 우리에게 강력한 메시지를 남겨 놓은 채 너무도 일찍이 역설로 가득 찬 이승을 하직했다.

그녀와 함께했던 시간과 공간

포루그 파로흐자드는 팔레비 왕정 모함마드 레저의 통치 시기 (1941-1979)에 살았다. 그가 1941년 즉위할 당시 이란은 영국과 소련의 영향 아래 있었다. 뿐만 아니라 선왕의 강압적인 통치하에서 숨을 죽였던 민주화와 자주의 목소리 및 운동들이 다소 자유로워지며 큰소리를 내기 시작했다. 그들 가운데 주도적이었던 인물들은 부족과 성직 계급의 지도자들이었다. 그들 이외에 사회 변화를 요구하는 개혁주의자들도 정치의 장에 나타났다. 그들 중 한 집단이 지식인들과 대학생들 사이에서 큰 인기를 끌었는데 이들이 바로 젊은 계층의 공산주의자들과 연립하던 투데당Tudeh Party이다.

1940년대 말 이란의 미래 전망은 불투명했다. 의회와 정부 내각이 구성될지 아니면 국왕이 선왕처럼 정치사회 전반에 걸친 통치력을 장악할지 불분명했다. 1950~1953년 사이에 이란은 중동의 역사와 세계사를 바꿀 만한 변화를 경험했다. 비록 이란은 식민지나 신탁 통치를 경험해 본 적은 없었지만 서구 열강들에 의한 엄격한 정치적·경제적 통제를 받아 왔다. 석유 분야에서는 영국이, 기술 분야에서는 소련이, 군사 분야에서는 미국의 통제를 받아 왔다. 이란 국민들은 국가의 자원을 열강에 팔아먹는다며 정부 지도자들을 비난했다. 이러한 분위기 속에서 학자이자 논객인 모함마드 모삿데그라가 강력한 소리를 내기 시작했는데, 그는 1940년대 말 국왕의 통치권에 맞서 민주주의 정부의 수립을 주창하며 외세 개입에 대항하는 캠페인을 벌였다. 울라마라고 불리는 성직자들과 지식 그룹 등의 반대 세력을 규합해 세속적 민주주의 정권 수립을 추진하며 국민전선National Front을 조직했고, 이란 원유를 국유화

할 것과 국가의 귀중한 자원의 운영권을 영국으로부터 회수할 것을 강력히 주장했다. 이러한 주장은 광범위한 대중적 지지를 받았으며 결국 이란 의회는 석유 산업을 국유화하는 법률을 통과시키고, 모삿데그를 수상으로 추대했다.

모삿데그는 이란의 신임 수상으로서 1906년 헌법에 보장된 의회 조직법을 회복시킴으로써 국왕과 직접적인 대립 관계에 섰을 뿐 아니라 이란 의회를 설득해 그동안 국왕이 소유하고 있던 군통수권을 정부 산하에 두게 했다. 그는 또한 군대 규모를 축소하고 토지 개혁도 단행했다. 이란을 외세의 장악으로부터 회복시키려는 그의 고결한 이상과 희망에도 불구하고 그의 목표를 실현할 재정이 절대적으로 부족했다. 미국과 영국이 이란에 가한 경제 봉쇄는 이란을 재정적으로 절망에 빠뜨렸으며 이 때문에 투데당은 근로자 계층에 자신들에 대한 지지를 강하게 호소했다. 한편 이슬람 정부의 수립을 원하던 울라마들이 세속적 정부로의 가속화에 의심을 갖기 시작했고 그 결과 모삿데그의 국민전선은 허약해지기 시작했다. 결국 모삿데그는 미국의 개입에 의해 수상의 지위를 잃게 되었고, 모함마드 레저는 1953년부터 왕권을 회복했다.

모삿데그의 국민전선이 해체되면서 미국과 이스라엘 자문관들의 지도 아래 사생활 침해와 정치범 고문으로 악명 높은 국제 정보 조직인 사바크SAVAK가 창설되었다. 사바크는 즉각 투데당 지도자들과 그 지지자들을 막무가내로 사냥하기 시작했으며 왕정의 반대 세력들을 무자비하게 공격했다. 의회 선거는 엄격한 감시하에 치러졌으며 민주주의 격식을 차리기 위해 국왕에 의해 양당제가 채택되었다.

1963년 비교적 덜 알려진 종교 지도자였던 호메이니가 나타나 왕정 부패에 맞서 설교하기 시작했다. 그는 국왕이 이슬람에 등을 돌리고 이스라엘을 비롯한 외세에 나라를 팔아먹었다고 비난했다. 호메이니는 이란 전국에 걸쳐 광범위한 반정부 시위를 주도한 혐의로 사바크에게 체포되었다. 반정부 시위 기간 동안 수천 명의 이란 국민이 피살되었으며 이란은 어렵게 평온을 되찾았다. 호메이니는 1964년 터키로 추방되었고 그 이후 몇몇 나라를 전전하다가 프랑스를 최후의 망명지로 택했다. 그곳에서 그는 1979년 이슬람 혁명에 성공해 귀국할 때까지 끊임없이 이란 왕정에 맞서는 글을 쓰고 설교를 했다.

모함마드 레저 국왕은 서구 수준에 맞춘 도시화를 촉구했을 뿐 아니라 농촌 사람들을 교육시켜 이란을 서구화된 국가로 만들고자 했다. 그는 소위 "백색 혁명"을 펼치며 문맹 퇴치 교육, 보건, 농촌 지도자 양성 등을 위해 젊은 대학생들로 구성된 군단을 만들어 농촌에 파견했다. 서구와 동일한 수준을 유지하기 위해 여성을 위한 교육과 고용 기회도 확대해 나갔다. 1967년에는 결혼 제도에서 보다 확대된 여성의 권리를 보장하는 일련의 가족보호법도 제정했다. 하지만 극소수의 부유층과 대조적으로 수백만 명의 극빈층이 형성되는 등 사회적 격차가 극심해지면서 지식층, 문학계, 마르크스주의자들, 성직 계급 사이에서 왕정에 대한 반대 세력이 증가했다.

왕정을 전복시킨 1979년의 혁명이 처음부터 이슬람 혁명이었던 것은 아니다. 그것은 각계각층이 연합한 국민의 혁명이었지만 나중에 그 형태와 본질이 변질되어 이슬람 혁명으로 귀결되었다.

죽어 가는 나뭇잎을 위한 시
―파로흐자드, 세 개의 초상

진수미(시인)

1.

파로흐자드의 시는 어둡다. 적은 빛조차 틈입하기 어려운 고통과 절망으로 가득 찬 세계이다. 그녀가 벗어날 수 없는 생의 조건과 한계를 노래할 때["나를 내버려 두오, 나는 포로가 된 한 마리 새일 뿐"(〈포로〉)] 우리의 눈과 귀는 암흑의 포로가 된다. 파로흐자드는 이러한 세계 인식을 마지막까지 거두지 않았다. 유고 시집의 표제작인 〈추운 계절의 시작을 믿어 보자〉에서 그녀는 다음과 같이 말한다.

> 나는 춥다
> 나는 춥다, 따뜻한 날들은 결코 찾아오지 않을 것 같다

세상이 "뱀들의 소굴" 같고, "마음속에서 당신 목을 매달 밧줄을 꼬고 있기 때문"에 사람들이 "당신에게 키스를 퍼붓는"다 생각하는 이 도저한 절망. 파로흐자드를 계속 읽어 나가기 위해서는 필연적으로 '그럼에도 불구하고'라는 어구에 도움을 청해야 할 것만 같다.

이러한 어두움을 근원부터 이해하고 파로흐자드를 세계에 알리는 데 일조한 후배 예술가가 압바스 키아로스타미이다. 1999년 베

니스영화제 심사위원 특별상을 수상한 〈바람이 우리를 데려다 주리라〉에서 그는 그녀의 시에서 제목을 취하고 이를 위한 미장센을 구축, 파로흐자드를 위한 시간을 창조하고 있다. 두 시간에 가까운 러닝타임에서 이에 할애된 것은 3~4분. 이 노장 감독의 전략은 대충, 귀 있고 눈 있는 자라면 듣고 보아라가 되지 않을까.

키아로스타미가 그려 놓은 초상에 가까이 가 보자. 쿠르트족 최고령 할머니의 죽음과 이에 수반될 독특한 장례 풍속을 취재하기 위해 베흐자드는 취재팀을 꾸려 오지에 가까운 마을 시어 다레로 찾아든다(시어 다레는 '검은 골짜기'라는 뜻을 가지고 있다. 파로흐자드를 떠올린다면 최적의 이름인 셈이다). 베흐자드는 인맥을 총동원해 할머니의 병세와 관련된 정보를 수집하지만 죽음은 예상보다 걸음이 느리다. 취재가 장기화되자 동료들의 불만과 요구 사항이 쌓여 간다. 책임자로서 그가 할 수 있는 건 걸려 오는 전화를 받기 위해 언덕 위로 차를 몰고 나가거나 잔심부름을 돕는 동네 꼬마에게 신경질 내는 일뿐이다.

어느 날 동료가 요구하는 우유를 얻기 위해 베흐자드는 컥라흐만 씨 집을 방문한다. 컥라흐만 씨는 지하실에 외양간을 두고 있다. 베흐자드는 주전자를 쥐고서 전기가 들어오지 않는 암굴의 지하실로 엉금엉금 내려가야 한다. 카메라는 그의 움직임을 좇다가 짐짓 놓친다.

이 순간 우리 앞에는 백 퍼센트 순도의 어둠이 펼쳐진다. 들리는 것은 지층 저 아래에서 울리는 가축의 숨소리, "계세요?"라는 당혹스런 베흐자드의 목소리뿐. 이 극단적인 영점의 숏(빛의 영점이라는 의미에서)이 의미하는 것은 무엇인가.

〈바람이 우리를 데려다 주리라〉는 빛의 과잉으로 이루어진 영화이다. 여러 평자가 지적하는 것처럼 영화의 시간은 거개가 낮이고 들판과 황톳빛 길은 태양에 바랜 듯 백색으로 빛난다. 틈만 나면 시를 읊어 대는 속물로 묘사되는 베흐자드가 빛이 사라진 공간에서 만난 것은 누구인가. 카메라는 이 신비스런 인물의 드레스 문양, 두건 쓴 뒤통수만을 보여 준다. 그것도 그녀가 들고 있는 등불에 의지해서만.

외양간을 지키는 등불 소녀-컥라흐만 씨의 딸-를 만나자 베흐자드는 습관처럼 시를 읊기 시작한다.

> 사랑하는 이여
> 내 집에 오려거든
> 부디 등불 하나 가져다주오
> 그리고 창문 하나를
>
> 행복 가득한 골목의 사람들을
> 내가 엿볼 수 있게
> -〈선물〉 부분

별다른 반응을 보이지 않고 우유 만드는 일에 열중하는 소녀의 나이는 열여섯. 파로흐자드가 열다섯 살 연상의 남편과 사랑에 빠져 결혼을 감행했던 나이다. 소녀에게도 연인이 있다. 베흐자드가 마을 언덕에서 사귄 우물 파는 남자 유세프. 컥라흐만 집에서 우유를 얻으라고 권한 인물이다. 상황을 보아 하니 소녀도 고령의 연상남과 사랑에 빠진 듯하다. 베흐자드가 묻는다. "학교 다녔어요?" "예." "얼마나요?" "5년." "포루그 알아요?" 잠시 침묵하다 소녀가 답한다. "예." 선생이라도 된 양 되묻는 베흐자드. "누구죠?" "고하르 씨의 딸." "내가 말한 건 시인이에요."

파로흐자드를 모르는 파로흐자드. 이 가벼운 아이러니 속에 키아로스타미는 파로흐자드의 캐리커처를 그려 낸다. 그가 포착한 그녀는 가부장제도와 이데올로기적 억압, 지식인 사회의 이중성 속에서 고통받기 이전의 평범한 소녀 파로흐자드였다. 어린 여자라 해서 가부장제도의 질곡에서 자유로운 것은 아닐 터. 파로흐자드의 이른 결혼은 보수적인 집안 분위기에서 벗어나기 위한 선택이었다고 한다. 이 소녀의 연애 또한 지하 동굴에서 일하는 일상을 벗어나기 위한 타개책일 수 있는 것이다.

이 열여섯 소녀는 스캔들로 악명을 떨쳤던 파로흐자드 역시 한때는 외간 남자에게 자신을 드러내기 꺼리는 순진한 여자아이였으리라는 점을 상기시킨다. 이에 반해 베흐자드는 닳고 닳은 남자의 전형이다. 친구의 어린 연인에게 육체적 관계에 대한 암시가 풍부한 시 〈바람이 우리를 데려다 주리라〉를 읊어 주는 것이다. 능글맞게 "밀회가 뭔지 알아요? 당신이 유세프를 만나는 것 같은 거요. 언덕 위에서" 같은 대사를 던지면서. 베흐자드의 기억선에 따라 드문드문 낭송이 이루어지므로, 전문을 인용하지는 않겠다.

> 나의 작은 밤 안에, 아
> 바람은 나뭇잎들과 밀회를 즐기네
> 나의 작은 밤 안에
> 적막한 두려움이 있어
> ……
> 오, 머리부터 발끝까지 온통 푸르른 이여

> 불타는 기억처럼 그대의 손을
> 내 손에 얹어 달라
> 그대를 사랑하는 이 손에
> 생의 열기로 가득한 그대 입술을
> 사랑에 번민하는 내 입술의 애무에 맡겨 달라
> 바람이 우리를 데려다 주리라
> 바람이 우리를 데려다 주리라

　소녀는 젖을 짜고 남자는 에로틱한 표현을 읊조린다. 야릇한 분위기를 견디다 못한 소녀가 베흐자드의 낭송을 중단시킨다. 그 결과 가장 아름다운, 시의 마지막 행이 발설되지 못했다. 영화 〈바람이 우리를 데려다 주리라〉로서는 행운이라 해도 좋을 것이다. 그것은 산 자보다 죽은 자에 가까운 언어이므로. "바람이 우리를 데려다 주리라"에 이어지는 내용은 이 책의 본문에서 구하시기 바란다. 혹 연속되는 구절로 '민들레 홀씨처럼' 같은 말을 떠올렸다면 그대는 아직 행복한 존재이다. 그 발화는 생의 편에 깊이 기대선 자에게서 흘러나올 법한 것이므로.

　베흐자드를 배웅하면서 이번에는 소녀가 질문을 한다. "학교는 얼마나 다녔나요?" "누구요?" "방금 그 시인요." "포루그? 4, 5년 다녔을 거예요." 베흐자드는 악당이 아니다. 그는 교육 기간과 무관하게 재능만 있다면 누구나 쓸 수 있는 것이 시라고, 당신도 할 수 있다고 소녀를 격려한다. 이 목소리에는 여성에게 여전히 금지된 것이 많은 이란 사회를 향한 키아로스타미의 소망이 담겨 있는 듯하다. 그러므로 우리는 안도의 숨을 내쉬어도 좋을 터이다. 베흐자드가 속물이기는 하나 나쁜 이는 아니다. 노파의 죽음을 학수고

대하는 불편한 영화적 상황은 지혜롭게 마무리될 것이다. 또 키아로스타미가 어디 보통 노인네이던가.

2.

파로흐자드가 그린 그녀의 얼굴을 볼 수 있을까? 나는 그 어둡고 절망적인 영혼이 담긴 얼굴을 영화 〈그 집은 검다〉에서 만났다. 가장 창조적이었던 시기에 만든 이 작품으로 파로흐자드는 문자와 이미지 매체에서 모두 빼어난 재능을 선보인 여성 작가로 자리매김되었다. 나환자촌을 배경으로 1962년에 제작된 이 다큐멘터리는 오늘날 보아도 문제적이고 감동적이며 또 세련되기까지 하다.

  영화가 시작되면, 스크린 왼편에 한 여성이 등을 돌리고 앉아 있다. 맞은편 선반에는 꽃무늬 거울이 있고 오른쪽에는 주전자가 하나 놓여 있다. 소박하고 평범한 미장센이다. 그런데 갑자기 카메라가 거울을 향해 움직이기 시작한다. 점점 각이 잡히면서 거울에 담긴 여자의 얼굴이 가까이 다가온다. 이제 우리에게는 '경악'이라는 말을 떠올릴 수밖에 없는 순간이 도래한다. 언젠가 수업 시간에 이 장면을 소개했을 때 학생들은 카메라 움직임에 따라 비명과 탄식을 동시에 토해 냈다. 파로흐자드는 이러한 카메라 워킹을 구사하고 있었다. 하관을 스카프로 가리고 있어서 우리는 여자의 눈과 코 상단만을 볼 수 있다. 나병으로 인해 많은 부분을 훼손당한 얼굴이 클로즈업으로 잡힌다.

  크고 아름다웠을 두 눈 중 형체가 잡혀 있는 것은 하나. 다른 하나는 본디 크기의 4분의 3가량을 상실했다. 그 눈으로 거울, 곧 카메라를 응시하고 있다. 하나는 크고 하나는 문드러져 있다. 비대칭적으로 담긴 동공이 그로테스크하다. 코는 거의 형체가 보이지 않는다. 가려진 입은 아마도 더 심각하리라. 카메라는 물러나지 않고 여자도 시선을 피하지 않는다. 그렇게 대치 아닌 대치 상태로 10여 초를 바라보고 있다. 서로가, 가만히. 너는 왜 도망가지 않는 거니? 되묻기라도 하는 것처럼.

파로흐자드가 영화 도입부에 이 얼굴을 배치한 이유는 무엇일까. 나병을 앓는 여인의 얼굴에서 자신의 상처받은 영혼을 보았기 때문이 아닐까 나는 생각한다. 우리는 그녀가 남긴 사진에서 지성과 아름다움을 발견한다. 그러나 억압적인 사회에서 자유를 추구한다는 이유로 생애 내내 고통을 받았을 그녀는 거울을 볼 때마다 자신의 얼굴 밑으로 스멀스멀 피어오르는 또 하나의 얼굴을 발견하지 않았을까? 그것은 눈과 코가 문드러지고 스카프로 입을 봉한 채 천형에 시달리는 얼굴이었으리라.

이 모든 것에도 불구하고 여자는 거울에서 눈을 떼지 않는다. 이 자기 응시의 시선에서 파로흐자드는 과감함, 솔직함 같은 미덕을 지닌 자신의 초상을 발견했을 듯하다. 세상에서 끊임없이 상처받고 모욕당하는 우리의 얼굴도 저와 다르지 않을 터. 고로 〈그 집은 검다〉에 비친 파로흐자드의 얼굴은 우리 모두의 것이라 할 수 있다.

3.

파로흐자드는 강한 여성이었다. 이는 사랑을 도구로 했기에 가능

한 것이었다. 그녀는 말한다. "나는 사랑하는 사람이며/ 내 안에서 수천 개의 멀리 떨어진 알 수 없는 것들과/ 소리 없는 연결을 문득 발견한 사람"(《밤의 차가운 거리에서》). 파로흐자드의 사랑은 광활한 규모를 지녔다. 그녀는 이 세계가 사막 같다는 사실을 인정한다. 그리고 예술가로서 이를 풍요롭게 만드는 방법을 고민한다. 그것은 고통까지 품어 안는 대모신적 상상력 속에서 구체화된다. "대지의 강한 욕망이며/ 이 모두가 나이다/ 모든 사막을 풍요롭게 만들기 위해/ 온갖 물을 자신에게 끌어들이는 사람이/ 나이다"(《밤의 차가운 거리에서》).

문득 〈바람이 우리를 데려다 주리라〉의 유세프가 떠오른다. 우리는 그의 얼굴을 알 수 없다. 영화의 시간 내내 베흐자드의 시선과 말에서만 존재하는 인물. 화면 속에서 그는 우물을 파고 있었다. 그러고 보니 이 영화의 빛은 자명한 것이었나? 어둠을 은폐하는 차폐막은 아니었던가? 표층의 밝음과 건조함이 숨기고 있는 무언가의 의미를 알고 있다는 점에서 유세프 커플은 하나로 연결되어 있다. 이 결합은 태양의 원천과 분리될 수 없는 것이나 그 의식의 수면 아래로 잠겨 드는 비가시적인 어떤 것이다.

> 힘의 궁극적 목표는 결합이다
> 태양의 빛을 발하는 원천과의 결합이며
> 그 빛의 의식 속에 잠기는 것이다
> 당연하다
> 풍차도 언젠가는 부서지게 마련인데
> 나는 왜 멈추어야 하는가
> 나는 덜 익은 밀 이삭을 품에 안고

젖을 먹인다
　-〈남는 것은 오직 소리뿐〉 부분

　내가 알고 있는 파로흐자드는 모든 사물과 생명의 연결 고리, 존재의 대연쇄The Great Chain Being를 몸으로 체득한 존재이다. 덜 익은 밀 이삭을 안고 어린아이 어르듯 젖을 주는 이 여성을 누가 잊어버릴 수 있을까. 파로흐자드는 사랑을 도구로 하여 사랑에 다다른 위대한 예술가, 망각에 저항하는 힘을 가진 승리자이다. 그러니 바람이 낙엽처럼 우리를 이리저리 끌고 다니다 죽음을 향해 부려놓은들 어떠랴. 부동하는 풍차도 결국 부서지는 운명인 것을.

출전

태양은 떠오른다
지구 위에서
그녀를 용서하세요
나는 당신 때문에 죽어 가고 있었다
금요일
달의 고독

《포로》(1955)
포로
사랑한다는 것에 대해
도피
입맞춤
반지
애수

붉은 장미
새는 한낱 새일 뿐
사랑으로
국경의 장벽들
밤의 차가운 거리에서
영원의 황혼 속에서
늪
나는 태양에게 다시 인사하겠다

《벽》(1956)
슬픈 기도
죄
목욕
벽
잃어버린 것

만남
이별의 시
가잘
깨달음
질문
태엽 인형
짝

《저항》(1958)
신의 배반
너를 위한 시
훗날
삶
어둠
귀환

여름의 푸르른 물속에서
나의 연인
지상의 찬가
초록빛 환상
또 다른 탄생

《추운 계절의 시작을 믿어 보자》
(1974), 유고 시집

《또 다른 탄생》(1963)
바람이 우리를 데려다 주리라
선물
어둠 속에서
그날들
지나간 것들

새는 죽게 마련이다
나는 작은 정원을 동정한다
추운 계절의 시작을 믿어 보자
네가 간 뒤
창문
남는 것은 오직 소리뿐

신양섭

한국외국어대학교 이란어과를 졸업한 뒤, 요르단 이슬람대학에서 아랍어를 연수했다. 터키 국립 이스탄불대학교에서 페르시아어문학을 연구하였고 페르시아 수피문학 전공으로 석사 및 박사 학위를 취득하였다. 페르시아 고전문학의 1세대 연구자이며, 이슬람 문화 황금기인 9~15세기 대표 시인과 작품을 분석해 오고 있다. 길에서 만나는 이들 누구나 시 몇 수쯤은 거뜬히 외워 부르는 페르시아인들과 그들의 문학을 사랑한다. 현재 한국외국어대학교 중동연구소에서 연구교수로 재직하고 있다. 저서로《종교로 본 동양문화》,《이슬람》등이 있다.

바람이 우리를 데려다 주리라

1판 1쇄 인쇄 2012년 8월 10일
1판 3쇄 발행 2020년 12월 7일

지은이 포루그 파로흐자드 옮긴이 신양섭
펴낸이 고세규 펴낸곳 문학의숲

신고번호 제300-2005-176호 신고일자 2005년 10월 14일

주소 서울 마포구 동교로 13길 34(121-896)
전화 02-325-5676 팩스 02-333-5980
이메일 bjbooks@naver.com
홈페이지 www.godswin.com

ISBN 978-89-93838-27-5 04890
   978-89-93838-26-8 (세트)

Copyright©문학의숲 2012

저작권법에 의해 보호를 받는 저작물이므로 저작권자의 동의 없이
내용의 일부를 인용하거나 발췌하는 것을 금합니다.